编 辑 部

主　编：田士永

副主编：李慧敏

编　辑：刘坤轮　尹　超　王超奕　柯勇敏

联系方式

地　址：北京市海淀区西土城路25号，100088

　　　　中国政法大学 法学教育研究与评估中心

　　　　《中国政法大学教育文选》编辑部

电　话：010-58908099

邮　箱：lihuimin99@sina.com

中国政法大学教育文选

（第28辑）

田士永◎主编　　李慧敏◎副主编

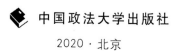
中国政法大学出版社

2020·北京

图书在版编目（CIP）数据

中国政法大学教育文选. 第28辑/田士永主编. —北京：中国政法大学出版社，2020.11
ISBN 978-7-5620-9750-1

Ⅰ.①中…　Ⅱ.①田…　Ⅲ.①高等学校—教学研究—文集　Ⅳ.①G642.0-53

中国版本图书馆CIP数据核字(2020)第231999号

出　版　者　中国政法大学出版社

地　　　址　北京市海淀区西土城路25号

邮寄地址　北京 100088 信箱 8034 分箱　邮编 100088

网　　　址　http://www.cuplpress.com (网络实名：中国政法大学出版社)

电　　　话　010-58908289(编辑部) 58908334(邮购部)

承　　　印　北京京鲁数码快印有限责任公司

开　　　本　720mm×960mm　1/16

印　　　张　13

字　　　数　190 千字

版　　　次　2020 年 11 月第 1 版

印　　　次　2020 年 11 月第 1 次印刷

定　　　价　55.00 元

目 录

CONTENTS

教育模式

Jiao Yu Mo Shi

论高等学校"拔尖创新人才"的培养目标

肖宝兴*

引　言

习近平总书记指出："人才是第一资源。古往今来,人才都是富国之本、兴邦大计。"[1]"实现中华民族的伟大复兴,教育的地位和作用不可忽视。我们对高等教育的需要比以往任何时候都更加迫切,对科学知识和卓越人才的渴求比以往任何时候都更加强烈。"[2]这种迫切的需求主要体现在以下三个方面:对拔尖创新人才规模的要求呈几何量级攀升[3];对拔尖创新人才质量的期待成为一种"刚性需求"[4];在缩短拔尖创新人才培养周期的

---

* 肖宝兴,中国政法大学研究生院院长助理兼培养办公室主任。

〔1〕 习近平:"在网络安全和信息化工作座谈会上的讲话(2016年4月19日)",载中国网信网:http://www.cac.gov.cn/2016-04/25/c_1118731366.htm,最后访问时间:2020年5月4日。

〔2〕 习近平:"加快建设世界一流大学和一流学科(2016年12月7日)",载《习近平谈治国理政(第二卷)》,外文出版社2018年版,第376页。

〔3〕 赵东亚:"高等学校培养拔尖创新人才的途径",载《中国石油大学学报(社会科学版)》2014年第4期,第92页。

〔4〕 徐墨客:"研究型大学拔尖创新人才培养关键问题",载《北京航空航天大学学报(社会科学版)》2017年第6期,第91页。

同时兼顾培养质量的命题成为新的攻坚方向〔1〕。如何培养卓越人才即拔尖创新人才，是我国高等学校必须深切思考和迫切回答的问题。

评价一个人是否属于"拔尖创新人才"是一个综合性判断的过程。不同的人从不同的角度出发，会有不同的理解和判断。我国古代思想家们的许多论述，对于正确认知、识别"拔尖创新人才"具有很大帮助。《大学》提出的"三纲八目"〔2〕便是对个人道德修养提升、人才道德教化的总纲领乃至具体技术要点的精辟论述。《素书》原始章、正道章更是深刻阐释了"拔尖创新人才"所应蹈循的处世哲学，即道、德、仁、义、礼"五位一体"。〔3〕我们甚至可以循着中国古代道德哲学史的知识系谱向上追溯，其间映射而出的种种圣人品格、高尚情操、卓荦心念均为识别、培养、检验"拔尖创新人才"的宝贵思想资源。〔4〕

新时代语境下的"拔尖创新人才"具有特殊的内涵。习近平总书记认为，拔尖创新人才应具有"执着的信念、优良的品德、丰富的知识、过硬的本领。"〔5〕"一是要爱国，忠于祖国，忠于人民。二是要励志，立鸿鹄志，做奋斗者。三是要求真，求真学问，练真本领。四是要力行，知行合一，做实干家。"〔6〕习近平总书记 2017 年 5 月 3 日考察中国政法大学时指出："法学教育要坚持立德树人，不仅要提高学生的法学知识水平，而且要培养学生的思想道德素养。""广大青年人人都是一块玉，要时常

---

〔1〕　王骥、陈金江："中国大学本科拔尖人才培养的组织变迁及其特性——基于组织社会学的角度"，载《江苏高教》2016 年第 2 期，第 118~119 页。

〔2〕　《大学》开篇有云："大学之道，在明明德，在亲民，在止于至善。"这便是我们通常所讲的"三纲领"。《大学》亦有云："古之欲明明德于天下者，先治其国。欲治其国者，先齐其家。欲齐其家者，先修其身。欲修其身者，先正其心。欲正其心者，先诚其意。欲诚其意者，先致其知。致知在格物。"这便是我们所讲的"格物""致知""诚意""正心""修身""齐家""治国""平天下"的"八条目"。

〔3〕　廖超：《解读〈素书〉》，新华出版社 2016 年版，第 1~89 页。

〔4〕　周光明等："拔尖创新人才培养的典型模式和实践反思"，载《西南师范大学学报（自然科学版）》2013 年第 5 期，第 156~157 页。

〔5〕　习近平："青年要自觉践行社会主义核心价值观——在北京大学师生座谈会上的讲话（2014 年 5 月 4 日）"，载《中国教育报》2014 年 5 月 5 日，第 1 版。

〔6〕　习近平："在北京大学师生座谈会上的讲话（2018 年 5 月 2 日）"，载《中国教育报》2018 年 5 月 3 日，第 2 版。

用真善美来雕琢自己，不断培养高洁的操行和纯朴的情感，努力使自己成为高尚的人。"总书记的重要论述为科学确立高等学校"拔尖创新人才"的培养目标提供了方向指引。"拔尖创新人才"需要具备正确的政治取向、良好的人品、较高的情商、高尚的情操；有创新思维，有创造性的贡献或者具有做出创造性贡献的能力；能够在自己的研究领域或从业领域有所专长，做到有"独见"、有"高见"、有"创见"、有"远见"、有"主见"。

一、独见：独具慧眼的科学视野

独见，是培养当代拔尖创新人才的首要目标，也是衡量拔尖创新人才最重要的标准。独见的内涵应包括独特的科学见解、求本溯源的能力以及阅历、思维与知识的融通与整合。

（一）独特的科学见解

"独见"首先是独树一帜、独辟蹊径、独具慧眼的科学见解与认识。"独见"作为一种思维模式和思想特质，其首要内涵是在科学、理性的前提下，挖掘特别的认识对象、提出补白的思想观点、贡献新颖的问题视角、开辟独到的解疑路径。"独见"往往是人们未曾知觉、未有观感、未及了解但又具备重要性的智识范畴。在想弄懂某个问题、某些知识，却又受到思维定势、认知环境等的限制、压迫而无法弄清的情境下，"独见"便可发挥作用。

（二）求本溯源的能力

"独见"还是"透过现象看本质"的能力。一方面，"透过现象看本质"是一种逻辑的品格。具有"独见"的人才，能够抽丝剥茧、厘清现象与本质之间的内在关联，以表象为前提、以经验为根基，在推理工具的帮助下，完成藉由"现象"透视"本质"的识别过程。

另一方面，"透过现象看本质"是一种探究事物本质的理性思维。无论是在生活抑或是工作学习中，我们时常要面临一些"艰难的抉择"

(hard choices)〔1〕。之所以"艰难",是因为可选的路径太多。正如马克斯·韦伯（Max Weber）所言，我们根本无法对某一具体事象作全态的因果回溯，因为我们无时无刻不处在多维因果的包裹之中。〔2〕于是，辨识各选项的重要性、串联各选项同己身目标的价值关联度，并以上述所得的价值谱系为基准，在相关约束条件下作出理性选择的能力就显得至关重要。这不仅关涉己身学业生涯和职业生涯规划的效度，更是一种重要的战略管理能力；这不仅意味着自我的完善和提升，更是高层次、创新型人才不可或缺的基本质素。

（三）阅历、思维与知识的融通与整合

"独见"之"独"，意指人生阅历之"独"、思维格局之"独"、知识结构之"独"。首先，人生阅历之"独"。人的主体性，意味着要在有限的生命中寻访己身的真正价值、人格的真正意义。人生阅历的独特性即在于此，这也是思维格局和知识结构之独特性的逻辑前提。其次，思维格局之"独"。独特的思维格局包含两个方面的要求，一是开阔的胸襟、广博的心怀，二是独特而又不失常理、创新而又不妄悖的思维张力与活性。就前者而言，我们常说，要做一个"有格局"的人，便是此意。只有具备了高尚的品味、涵养和情操，其气质才是独特的、具有吸引力的，其社会功能才能更加卓越，才更符合"拔尖"的要求。如果前者对应"拔尖"，则后者便可说是"创新"的基本要求。创新的原动力是思维的"不甘寂寞"，若以独特的视角和切入点去审视惯常的现象，必有不同的发现。最后，知识结构之"独"。拔尖创新人才的核心竞争力在于其创新力之强，亦即，能解决别人解决不了的难题、能承担别人完成不了的工作，这便需要落脚于

---

〔1〕 Hard Choices 实际是一个哲学命题。伦理学的终极旨归便是教会人们如何更好地生活，如何更为适当地在面临各种艰难的抉择时做出正确的决定。参见 TED Talk 公开课视频："Ruth Chang: How to make hard choices"，载 https://www.ted.com/talks/ruth_chang_how_to_make_hard_choices/up-next，最后访问时间：2018 年 4 月 3 日。当然，它也是各种经济理性假说和模型的元理论。我们说哲学是生活的"爱智慧"，经济学是则市场的"爱智慧"，它们又分别匹配个人提升与管理能力完善，是"独见"的一个至关重要的意涵。

〔2〕 杨善华、谢立中主编：《西方社会学理论》（上卷），北京大学出版社 2005 年版，第 183 页。

其知识结构、知识能力的独特性。以法学拔尖创新人才的培养为例，交叉学科研究渐成主流，重要原因之一是宽口径、复合型人才的实践需求。譬如，成功的知识产权律师需要具备一定的理工农医方面的学科背景；又如，优秀的环境立法和执法者，则需要综合地理学、天文学、水文学、化学等方面的知识为己身所用。如此可见，拔尖创新人才更应当是"宽口径、复合型"的创新人才，其独特的知识结构决定了其职业构造和社会地位，同质化的知识取向和能力已无法在人才竞争格局中换取立足之地。

由上可见，"独见"的三个方面之间存在着密切的内在联系，相互之间促动与耦合。把握了其中的互动、互构关系，便相当于把握了培育拔尖创新人才之"独见"的真正意涵。具体可见图1。

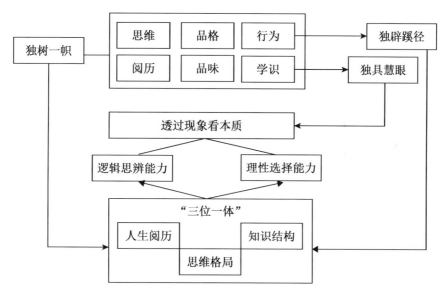

图1 "独见"的意涵及内在结构

二、高见：高屋建瓴的认知层次

"高见"，是衡量拔尖创新人才的重要标准。具有"高见"特质的人才，应具有适应时代要求的全局观、创造优秀思维产品的内在动力以及脚踏实地的行事作风。

（一） 适应时代要求的全局观

适应时代要求的全局观，意指应具有大格局、大思维、大眼光和大智慧。以"无领导小组讨论"是否应作为必修的实践培养环节且与"模拟法庭"并重这一问题为例。"无领导小组讨论"锻炼和培养的是学生总结争议焦点、把握研讨旨归、规范言说失范等能力，这显然是"舆论塑造者""话语领导者"与"意识形态引领者"所必须具备的"意见领袖"[1]品质。在当下主流意识形态认同脱嵌问题几成显著的背景下，这种思想、言辞上权威缔造能力是必不可少的。[2]当统一话语场域中的其他参与者都在纠结于某些技术性问题或沉溺于性情反思或心绪波动而无法自拔，而你所作的贡献在于引导动向、求同存异，进而提升了研讨的效率和质感时，这一话语场域中的领导权自然归你所有，这也正是拔尖创新人才所应担当的重任。

适应时代要求的全局观，也是社会责任感和历史使命感在完成心性内嵌过程后的思维外化。拔尖创新人才应当具有宏远的志向和旨趣，这也正是他们能够发表"高屋建瓴"之见解的根源所在。同时，高校教师和管理者也应当净化"高见"思维所处的话语环境，提升大家在大格局、高层面上看待问题、分析问题、解决问题的能力和对此行为的认同度，切勿将"高见"淹没在庸俗的"口水"中。

（二） 创造优秀思维产品的内在动力

创造优秀的思维产品，是拔尖创新人才的重要能力。所谓"优秀"，指的是高品质、高品位、高精度、高要求。例如，在分析裁判质量同裁判者学历层次间的相关关系时，可以通过质性的观察和描述，也可以通过数据测算和回归分析，二者的差异便在于精度的要求上，后者对精度的要求更严，其所需的技术强度也更大，自然更优。需要注意的是，这种对于"优秀"的追索一定无法回避"比例原则"的限制，亦即，"高见"担负

---

〔1〕 陈远、刘欣宇："基于社会网络分析的意见领袖识别研究"，载《情报科学》2015 年第 4 期，第 16 页。

〔2〕 高静："新媒体传播视阈下实现党的意识形态领导权的时代逻辑与策略转型"，载《理论月刊》2015 年第 6 期，第 23~25 页。

有"必要性""合理性"和"正当性"的论证责任；否则，会使所谓的"拔尖创新人才"沦为消费主义和功利主义的附庸，而陷入另一重"禁区"。要鼓励以高标准、高规格来要求己身、考察旁人。这里所需要的并非"宽以待人，严于律己"的"君子风范"，而是以身作则后，严把筛查标准并帮助他人提升行为规准和择事品味的实效主义方法论。只有如此，方可"以点带面"，通过拔尖创新人才的高品位和高品质，实现规模效应以推动整个经济社会发展层次的提升。

（三）脚踏实地的行事作风

习近平总书记指出："做人做事，最怕的就是只说不做，眼高手低。不论学习还是工作，都要面向实际、深入实践，实践出真知；都要严谨务实，一分耕耘一分收获，苦干实干。"[1]拔尖创新人才必须是脚踏实地，手眼齐平的人才。为此，需要警惕两种"高见"，一种是异化的"高见"，另一种则是僵化的"高见"。所谓异化的"高见"，又包括两种类型，一种是为了攫取社会资本而滥用"高见"，另一种则是为了满足心理需要而依赖"高见"。

一方面，为了攫取社会资本而滥用"高见"。此时的"高见"已随同"人"一起异化为资本的附庸。例如，在科研项目申报中，技术娴熟者在非必要的情况下故意采用某些复杂的方法以藉由"等价有偿原则"而申请更高额度的资助，这便是典型的滥用"高见"，超出了"比例原则"的限制。另一方面，为了满足心理需要而依赖"高见"。此时的"高见"异化为"人"标榜己身能力的工具。这种倾向虽然危害不致上述，但同样不可取。譬如，在某些技术问题上，明明有更为省时省力的解决方案，某些所谓的"拔尖创新人才"却提出一些貌似"高大上"，实则毫无必要且浪费资源的方案以炫耀己身能力，以求引起他人的注意。这种思想行为显然应当被杜绝。可见，异化的"高见"实际是人格品行存在问题。在此强调"所谓的"，原因在于，这种丧失道德底线或耽于名利束缚的"人才"并不

---

〔1〕 习近平："在北京大学师生座谈会上的讲话（2018 年 5 月 2 日）"，载《中国教育报》2018年 5 月 3 日，第 2 版。

是真正意义上的"拔尖创新人才",此为排他性否决标准。

僵化的"高见"则并不必然牵涉心性品格问题,而可能呈现为一种思维上不合理的"定势"乃至"坏死"。这种思维定势本质上违反科学精神,因此也当然地应当为拔尖创新人才的核心素养所摒弃。事实上,一旦形成思维定势,将其扭转则就需要"创见"的激活、改造与调和。唯有如此,方可应对此种僵化的"高见"所引致的种种不利。

三、创见:勇于质疑的创新精神

所谓"创见",即有创造性、创造力、创新性的见解和认识。有创见的人,才能行创新之事、担创新之任,才能开创出新领域、发现新规律、提出新观念、引领新潮流。因此,培养有创见的拔尖创新人才,是教育界尤其是整个高等教育界所要共同应对的课题,也是学位与研究生教育回应"钱学森之问"的关键所在。基于此,无论是高等教育管理者还是高校学生自身,都应当明确"创见"的生成路径,亦即,只有把握创新人格特质中的温和因素,激活创新意识并习惯使用创造性思维,才能拥有创见、发表创见;后续才会有生成和演化创新的举措、创新的研究、创新的发明创造必要的宏观环境。

(一) 心理基础:创新型人格特质

人格特征,是指在组成人格的因素中,能引发人们行为和主动引导人的行为,使个人面对不同种类的刺激,都能做出相同反映的心理结构。人格特质反映的是在不同时间与不同情境中,人们保持相对一致的行为方式的一种倾向,即跨时间、跨环境的一致性。一个人创造性的发展及其显露,与其人格特征之间存在极其显著的关系。研究表明,各类具有创新潜质的人均有着以下七个方面的共同的人格特征:有强烈的求知欲,喜欢接受各种新事物;想象力极为丰富,富于幻想;对未知的事物怀有强烈的好奇心,敢于探索和发现,不满足于已有的成果和结论;坚忍不拔,执着追求,深知自己行为的价值;独立自信,反叛、不从众,不轻易相信别人的看法;自制力强,为获得成功能克服困难,并在此过程中体验快乐;不怕孤独，全身心投入自己所从事的事业中。[1]

需要注意的是，创造性人格特征并非是绝对化的。创新个体身上有时也表现出相互矛盾的人格特征，比如既聪明又天真、既内向又外向，分析心理学派创始人荣格称这种复杂的人格为"成熟的人格"[2]。但对创新个体来说，其人格特征中无法改变的、以探奇猎新为动机和为了满足自我求知欲望而坚忍不拔的强烈程度是常人所不能达到的，这也是其人格特征中最固执和使其感到得意的部分。对于高等教育管理者和拔尖创新人才培养的操作者来说，应当掌握调适、均衡创新型人格中的极端因素，稀释其中的障碍性人格隐忧，如孤独、反叛、自负、偏执等。只有予以适当引导，方能充分发挥创新型人格的正性作用，助力拔尖创新人才的培养。

（二）思维基础：创新意识与思维

创新意识，是指创新主体在不断变化的外界刺激下，自觉产生的改造客体现状的创新意愿、创新观点、创新思想等的总和，是一切创新的观念形态。[3]创新意识不同于一般意识，其主要表现为勇于、敢于、善于破旧立新，它有利于创新活动的发生、进行和完成，是创新活动的反映，亦是创新活动的动力。创新意识的特点有：怀疑、超越、破旧立新是其根本表现；进步、发展是创新意识的价值要求；审美，使人得到美的享受是创新意识的追求；感性与理性的统一，显意识与潜意识的统一，智力与非智力的统一，知识与道德品质的统一，灵感直觉与分析综合的统一，各种具体意识创新品格的有机统一是创新意识的最突出特征。

创新思维，是指主体在实践经验基础上，通过超常的思考方式，产生独特新颖认识成果的心理活动；从信息论的角度看，创新思维是大脑对内外信息进行加工改造，发现新问题、产生新关系、形成新组合、新模式的活动过程。创新思维的主要特征有：突破性，即打破思维定势，怀疑批判

---

〔1〕　张庆林、Robert J. Sternberg 主编：《创造性研究手册》，四川教育出版社 2001 年版，第319 页。

〔2〕　转引自吴淑芳："大学教育与人的创新素养发展——基于大学生活的社会学考察"，华东师范大学 2013 年博士学位论文，第 86 页。

〔3〕　殷石龙：《创新学引论》，湖南人民出版社 2002 年版，第 122 页。

已有观点理论；新颖性，即使用了新材料、新方法，产生新思路，等等；独立性，即不迷信、不盲从，不屈服任何权威，不满足现成方法和答案，有充分的思维自主性和自由性；综合性，即创新思维过程中，同时包含逻辑思维、形象思维、发散思维、聚合思维、求同思维、求异思维、正向思维、逆向思维等不同形式，并运用观察、直觉、想象、灵感、假说等非思维形式，创造性地认识和构建新事物；辩证性，即遵循辩证法原理，联系地、发展地看问题，随事物变化不断调整思考问题的角度和方式，修正已有观点或结论；开放性，即在创新活动过程中，不断地吸收外界新信息、新材料，突破旧有的思维定势。

创新意识是创新思维的萌芽和起点，创新思维又会反溯、激活和维续创新意识，二者在相互作用中彼此互进，结成拔尖创新人才的"自然性"。这种创新的心理机制外放到行为后，又表现为创新型设计、研制、论说、问题解决方案等，进一步延伸即可转化为推动产业发展和经济社会进步的创新型成果。成果的社会评价与后测信息反馈到创新型人才的意识层面，亦能够强化其创新意识，又由创新思维进一步外化，结成良性循环，这同样也是创新型人才"社会性"的重要体现。（详见图2）

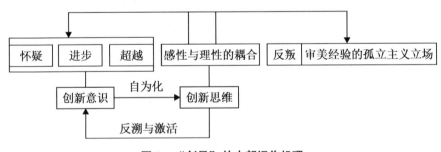

图2 "创见"的内部运作机理

四、远见：观照大势的行动能力

"远见"作为拔尖创新人才的培养目标，其核心内容是观照大势的行动能力。这不仅要求具备远虑深思的决断力，还要求具备因时制宜和与势同行的自觉与素养。

（一）远虑深思的决断力

"人无远虑，必有近忧"。所谓"远见"，指的是深远而科学的见解和认识。"远见"要求极高的决断力和判断力，要求能够着眼未来，而不能短视，不能急功近利。有远见的人，是能够深刻理解历史的人，是能够准确把握现在的人，是能够科学预测未来的人。

随着现代社会的信息化、知识化程度不断提高，随着世界多极化、经济全球化的发展和世界经济格局的变幻，有远见对于个体、团体乃至国家来说都越来越重要。对于个人而言，若无远见，就无以把握学科、社会、人类的发展规律，就不能高瞻远瞩，长远规划，易错失发展机遇；对于团体而言，若无远见，就无以处理复杂多变的形势，把握发展良机，避免挫折和损失；对于国家而言，若无远见，就会永远落在世界强国发展之后。要做到有"远见"，就需要把握人类进步和发展的规律，把握事物发展规律，就要有丰富的知识和丰富的阅历。这都是在培养"拔尖创新人才"的过程中所需要注意的重要问题。

（二）因时制宜，与势同行

面对纷繁复杂的现代性问题，我们目睹了道德的滑坡、工具理性的崇拜、意识形态的迷狂和消费主义欲望的膨胀。[1]这种"利己主义"往往表现为一种长时段、大框架的思索与布局，将"高见"与"远见"用作己身正名的工具。品性的缺陷与心性的缺失是不可取代的首要否定因素，即便知识水平再高、思维再活跃，其也无法成为合格的"拔尖创新人才"，因其被"人"字挡在门外，这也正是朴素的思想道德修养与科学文化素养的辩证关系命题所要表达的核心观点之一。

因此，科学地规划人生、树立目标至关重要。习近平总书记认为，"每一代青年都有自己的际遇和机缘，都要在自己所处的时代条件下谋划人生、创造历史。"[2]"当代青年是同新时代共同前进的一代。我们面临的

---

〔1〕 卢兴、郑飞："从东亚现代性的兴起反思'韦伯命题'"，载《国外社会科学》2017年第2期，第47页。

〔2〕 习近平："青年要自觉践行社会主义核心价值观——在北京大学师生座谈会上的讲话（2014年5月4日）"，载《中国教育报》2014年5月5日，第1版。

新时代，既是近代以来中华民族发展的最好时代，也是实现中华民族伟大复兴的最关键时代。广大青年既拥有广阔发展空间，也承载着伟大时代使命。青年是国家的希望、民族的未来。我衷心希望每一个青年都成为社会主义建设者和接班人，不辱时代使命，不负人民期望。对广大青年来说，这是最大的人生际遇，也是最大的人生考验。"[1]"新时代青年要乘新时代春风，在祖国的万里长空放飞青春梦想，以社会主义建设者和接班人的使命担当，为全面建成小康社会、全面建设社会主义现代化强国而努力奋斗。"[2]

习近平总书记上述论断中蕴含的"因时制宜，与势同行"的思想内涵是青年成为拔尖创新人才的指南。广大青年要"真正搞懂面临的时代课题，深刻把握世界发展走向，认清中国和世界发展大势"[3]，注意观察周遭环境中明示、暗含的诸多限制因素，清晰厘定己身的优势、劣势、条件、缺失，明确己身所要达成的目标，在不损害他人、社会、国家之利益的绝对框架下展开生涯规划，时刻准备着却又时刻"生活"着，目标出现、机会现身时不犹豫，条件转恶、急流勇退时也不优柔，且学会把握时机并实现优劣势之间的相互转化。

五、主见：担纲而进的社会信念

"主见"，是指自己对事物发展、形势变幻、自身的专业和发展等有确定的意见或见解。具有"主见"的人才，不仅应具备作为主体的创见与精神，还应具备自我认同的自主动机与自觉行动能力。

（一）作为主体的创见与精神

"主见"是直面现实、勇于担纲、敢于创造、善于钻研、勤于实践的一种精神。主见是有独见、有高见、有创见、有远见、有洞见的基础，没

---

[1] 习近平："在北京大学师生座谈会上的讲话（2018年5月2日）"，载《中国教育报》2018年5月3日，第2版。

[2] 习近平："在北京大学师生座谈会上的讲话（2018年5月2日）"，载《中国教育报》2018年5月3日，第2版。

[3] 习近平："在北京大学师生座谈会上的讲话（2018年5月2日）"，载《中国教育报》2018年5月3日，第2版。

有主见的人，无法形成自己的观点和见解，亦无法做到创新和优秀。尽管缺乏主见的人可能把握时代和专业发展的脉络，但却往往失之坚持，永远成为不了拔尖人才。有独见的人，是有主见的人，他们敢于表达自己独特而又深刻的认识和见解；有高见的人，是有主见的人，他们拥有并能够表达自己精辟和不落俗套的认识和见解；有创见的人，是有主见的人，他们能够推陈出新，站在时代和发展的最前沿；有远见的人，是有主见的人，他们能够着眼未来，目光远大；有洞见的人，是有主见的人，他们能够不为众生云云所惑，不为因循守旧所羁绊，能够透过现象看到本质。有独见的人若无主见，就不能表达自己的独特视角；有高见的人若无主见，就不能表达自己的高深和精辟；有创见的人若无主见，就不能表达自己的创造性思维；有远见的人若无主见，就不能表达出自己的远大和决断。

（二）作为人才的自主与自觉

习近平总书记提出"精神自主"的号召，这其中隐含的乃是一种对国家自主性和民族文化主体性振兴的重唤与重思。作为新时代的"拔尖创新人才"，必当牢记己身所肩负的中华民族伟大复兴的"中国梦"，必当以强烈的时代责任感和历史使命感敦促己身、鞭挞自我，对于民族、国家赋予己身的文化自主性、民族自决性和主权独立性保持高度的认同和清醒的认识，如此，方可持守住"主见"的根基，成为一个有"主见"的人。"拔尖创新人才"的"主见"或可归结为八个字，即"胸有丘壑，面目清朗"。这同样反映出中华民族的典型民族性格特质。

一方面，胸有丘壑，这也是儒家演礼以藉由仪式隐喻和威慑而存留人们的敬畏之心的动议所在，这种坚定、韧性和深沉的表现大多来源于信仰。法科拔尖创新人才应信仰法治、经济学拔尖创新人才应信仰理性、哲学学科拔尖创新人才应信仰道德和伦理，当这种信仰被社会互动论和交换论交融呈现并发展之时，一种关于"中国梦"的整全的信仰体系便诞生了，那就是"社会主义核心价值观"及其思想精髓。当我们对此深以为意，便会面对再多的诱惑、牵制、压制乃至威逼亦可喜怒不形于色，岿然不动、屹立中华。当拥有了坚定的信仰与信念，便同时担负起了播撒这种信仰的使命，这也是支撑"拔尖创新人才"代际承袭的原生动力。

另一方面，面目清朗。思想的递导与感召是播撒信仰的最佳途径，暴力手段与机器控制无法取得根本性的思想认同效果，这便是"面目清朗"的要求，即"拔尖创新人才"的示范效应与复制功能应以温和的手段推进：只有当独见、高见、创见、远见、主见融汇到血液里，成为一种生活方式和思维习惯时，无须面红耳赤的争论，旁人亦会深受感染。

结　语

中华民族的伟大复兴亟需拔尖创新人才。高等教育需要培养有独见、有高见、有创见、有远见、有主见的拔尖创新人才，从而回应中国特色社会主义现代化建设的迫切需要，时代的呼唤和民族伟大复兴的光荣历史使命。为此，高等学校应从上述五个方面回应时代需求，采取积极措施，为培养拔尖创新人才提供有利的环境和有力的支持，为中国特色社会主义现代化建设源源不断地输送将作为"产品"的拔尖创新人才。

新时代国际化法学人才培养路径研究

——以中国政法大学本科生培养国际化实践为例

刘新萍*

党的十九大宣告了中国特色社会主义进入了"新时代",并将坚持全面依法治国确立为坚持和发展中国特色社会主义的基本方略之一,法治的地位被提升至全新的高度。习近平总书记在视察中国政法大学时曾指出,法治人才培养上不去,法治领域不能人才辈出,全面依法治国就不可能做好。由此可见,法治人才培养是全面依法治国的基础性、先导性、战略性工作,高校对法治人才培养的责任既不可代替,又任重如山。[1]新时代赋予了高等院校法学教育新使命,对法学人才培养提出了新要求,在改革开放进一步加大,"一带一路"倡议持续推进,"人类命运共同体"加速构建的背景下,如何培养出能够在国际事务中发出中国声音,具有全球胜任力的国际化法治人才,成为摆在法学教育界面前的全新课题。本文将结合中国政法大学本科生培养国际化实践经验,从新时代国际化法学人才的培养目的、具体内涵以及培养路径三个方面作探讨。

---

* 刘新萍,中国政法大学教务处副研究员。

[1] 黄进:《培养德法兼修的高素质法治人才 引领中国法学教育进入新时代》,载《中国高等教育》2018年第9期。

一、为谁培养人：新时代国际化法学人才的培养目的

新时代国际化法学人才的培养目的，要回应党和国家的新需求。我国四十余年对外开放经验表明，国际化法学人才在政治、经济、文化等全球化交往中发挥着至关重要的作用，大到国家间合作或争端解决，小到普通民众涉外私人纠纷或商贸往来，均离不开国际化法学人才的支持。只有培养一批具有国际视野、通晓国际规则、能够参与国际法律事务和维护国家利益的涉外法律人才，才能应对国际事务中包括官方和民间交流中的法律咨询、纠纷、仲裁、涉外诉讼等法律问题。[1]新时代，是一个承前启后，继往开来的时代。此刻的中国，发展进入全新的历史方位，正大步走向世界舞台中央，法学教育不能裹足不前，应抓住机遇，重新起跑，对法学人才培养模式进行进一步梳理布局，着力培养能同我国开放事业相适应、同我国国际地位相匹配、经得起实践考验的国际化法学人才。

二、培养什么样的人：新时代国际化法学人才的具体内涵

自 2010 年，我国在《国家中长期教育改革和发展规划纲要（2010—2020 年）》（以下简称《纲要》）中首次确立了教育国际化理念后，十年间，一系列国际化人才培养的具体措施接连落地，教育对外开放和国际化人才培养取得了不菲的成绩。党和国家层面文件中，虽然对国际化人才的概念多有提及，如《纲要》中提出"适应国家经济社会对外开放的要求，培养大批具有国际视野、通晓国际规则、能够参与国际事务和国际竞争的国际化人才。"如 2014 年召开的党的十八届四中全会作出的《中共中央关于全面推进依法治国若干重大问题的决定》，提出"培养造就熟悉和坚持中国特色社会主义法治体系的法治人才及后备力量。建设通晓国际法律规则、善于处理涉外法律事务的涉外法治人才队伍。"但对国际化法学人才的具体标准并未作系统规定，法学教育界对此多有讨论，但也尚未达成一

---

〔1〕 马彦峰、张法连：《"一带一路"背景下涉外法律人才培养机制探究》，载《甘肃广播电视大学学报》2017 年第 6 期。

致意见。

新时代对国际化法学人才提出了更高的要求，赋予了国际化法学人才新的内涵，厘清新时代国际化法学人才内涵的应有之意，是开创国际化法学人才培养新局面的必要前提。笔者认为，新时代国际化法学人才应当扎根中国，具有高度的政治认同，能承担全面依法治国历史重任；面向世界，有开阔的国际视野、世界眼光，站位高，格局广；全球担当，能够熟练的处理国际法律事务，为国家国际地位的提升提供有力支撑。具体而言，新时代国际化法学人才应当具备以下素质：

其一，扎根中国。习近平总书记讲法治人才培养时强调，我们首先要积极吸收借鉴世界法治文明的优秀成果，当然也不能囫囵吞枣，不能照抄照搬，不能做西方理论的搬运工，简单移植也不行。要平衡好中外互鉴，既要学习借鉴，又要走自己的路。新时代国际化法学人才，要成长于中华优秀法文化沃土，对域外法学成果，做到取精华去糟粕，有针对性地学习其有益内容。具有良好的法律职业素养和伦理，做政治上可靠，道德上过关的社会主义法治栋梁。

其二，面向世界。具有开阔的国际视野、世界眼光，了解国际司法态势和发展潮流，对国际法律前沿问题、热点问题有敏感的认知和独到见解。站位高，格局广，胸怀四海，所学所长立足于服务国家发展，致力于维护全球化进程中国家和民族的利益，成为国际舞台上的中国"喉舌"。

其三，全球担当。精通一门或多门外语，熟悉域外国家或地区的司法文化，通晓国际律法、规则、惯例和司法实践流程，能够熟练处理国际法律事务，有实力应对新时代大国外交和经济对外开放中可能遇到的各类司法挑战，能在国际合作中为国家和国内企业提供优质法律服务，保护好国家和广大民众的切身利益。能为"一带一路"建设、"人类命运共同体"构建等对外战略贡献法学智慧。

三、怎样培养人：新时代国际化法学人才的培养路径

国际化教育理念源于教育实践，也要回归教育实践。近年来，中国政法大学牢记习近平总书记嘱托，坚持开放式的办学理念，勇担新时代法学

人才培养重任，围绕"怎样培养人?"这一关键课题，在法学国际化人才培养路径方面，探索出了些许经验。形成了"一个中心、两条主线、四个抓手、三重保障"的本科国际化人才培养模式。

(一) 以"人才培养"为中心

国以才立，业以才兴。学校坚持以培养堪当民族复兴大任的国际化法学人才为时代使命，以本为本，固本铸魂，使本科教育成为学校基础工作、核心工作、前沿工作。在本科国际化建设中坚持"以人才培养"为中心，着力培养厚基础、宽口径、高素质、强能力、国际化的全球治理法律人才。坚持立德树人，促进法学专业知识教育与思想政治教育相融合，以国际化人才培养为导向，持续加大各项投入，尝试开展本科教学改革，不断落实学生主体地位、扩大学生自主选择空间。自2012年起，设立"涉外法学人才培养模式改革实验班"，每年单独招收50名学生，适用专门的培养方案，致力于培养懂法律、懂外语的国际化、应用型、复合型人才。自2015年起设立"法学专业西班牙语特色人才培养实验班"，班级采取虚拟建制，每年从法学专业新生中选拔30名优秀学生，在不改变学籍和学院归属的前提下，适用专门的培养计划，配备专门的师资，致力于培养精通拉美国家法律制度和文化的法学人才。以及自2017年起在国际法学院设立"涉外法学专业法语特色人才培养试验班"。此外，学校还持续深化公共外语教学改革，在原有法学教育与法学英语教育相结合的传统基础上，面向法学专业学生增开法语、意大利语、日语、俄语、德语等5个语种的第二外语必修课，切实提高学生的外语综合应用能力，培养"一精多会，一专多能"的高素质国际化复合型人才。

(二) 以"领出去""引进来"为主线

科学教育，理念先行。本科国际化人才培养体系建设中，中国政法大学确立了"领出去""引进来"两条工作主线。一方面积极对外联络，争取资源，加强与国际名校和国际组织的合作，通过支持学生交流交换、国际组织实习、参加国际会议、国际比赛等多种形式，为学生创造丰富的海外学习机会，引领学生走出国门，开展浸入式学习和实践，亲身感受某一国家司法文化或某一具体国际组织运行现状，开拓学生国际视野，提升学生国际竞争力。另一方面，积极整合中外一流师资资源，形成了"飞行外教"与长聘外教搭配补充的国际化师资体系，实现春、夏、秋三学期国际课程开课常态化，授课教师背景多样，专业素质过硬，多来自海外知名高校、科研院所或法律实务机构，使学生足不出校便能享受国际一流法学教育。

(三) 以国际课程、学生国际交流项目、学生国际实习基地、校园国际文化等建设为抓手

1. 国际课程建设

以国际课程建设为抓手，引入世界一流法学教育资源。国际课程建设是中国政法大学本科生国际化人才培养的重要依托，是学校国际化培养模式与"课比天大"的本科教育教学工作理念的集中体现。2013 年，学校首次尝试在暑期开设五所国际学校，标志着国际课程建设的肇始。之后，学校持续加大资源投入，国际课程体系不断完善，发展至今，基本实现了：

(1) 开课常态化。学校在原有国际小学期基础上，2016 年进行了三学期制改革，并逐步实现了国际课程全年开课常态化。学生既可以选择在排课形式灵活多样，授课节奏紧凑的夏季学期专门修读国际课程，也可以选择在传统春、秋学期，结合自身整体学业安排进行国际课程学习，学生选课自主化程度高。此外，学校还统一修订本科生培养方案，规定学生在大学四年期间，必须修读至少一门次 2 学分国际课程，实现了本科生人才培养方案中，国际课程在所有专业中的全覆盖。

(2) 课程多元化。课程专业多元，多以法学为主，同时涵盖政治学、哲学、经济学等本校本科生培养涉及的全部学科门类；课程性质多元，课程类型丰富，既有专业理论课，又有实务课、实践课、研讨课；授课教师背景多元，以 2019 年为例，学校共邀请到 119 名国际教师前来授课，他们分别来自全球 29 个国家或地区的 108 所知名高校、科研院所或法律实务机构，其中来自"一带一路"沿线国家或地区的教师有 31 位。

六年来学校共开设国际课程近 500 门次，累计选课学生达 15 000 余人次。国际课程能够让广大本科生有机会不出校园感受到国际化的课堂氛围和课程体验，有效帮助学生开拓学习思路，延展国际视野，提升外语水

平，深化对法学相关专业的理解。对学校专任教师、管理部门而言，国际课程运行给他们带来了与国外高校教授进行学术、管理等方面研讨学习的平台，打开了解国外大学和国际前沿问题的窗口，搭建了开放共享的国际化交流平台，从侧面促进了本科教育教学质量的大幅提升。

2. 学生国际交流交换

以学生国际交流交换为抓手，推动本科生跨国家地区学习。近年来，学校不断加强与世界一流高校联络，同全球 53 个国家和地区的 264 所知名高校及机构建立了合作关系，加入了全球法学院联盟等一批国际教育组织，获批成为北京市"一带一路"沿线国家人才培养基地。为本科生搭建了广阔的国际化学习平台，提供了丰富的国际交换和交流机会，2013 至 2019 年六年间，共有 859 名本科生通过校际交流项目赴美国加州大学伯克利分校、加拿大蒙特利尔大学等世界名校进行为期一年或一学期的交换学习，其中 504 人获得国家留学基金委公派交流资助。另有 2000 余名本科生，通过寒暑期项目赴其他国家或地区知名高校进行为期一个月左右的访学。

开展大规模的学生国际交流，实现了国内国外协同育人，整合了国际优质教育资源，用于服务学生的个性发展，在学习方式上给予学生更多的自主选择权，打破学生原有局限的学术视野，通过一段浸入式的海外学习之旅，提升学生与异域文化对话的能力和国际竞争力。

3. 国际实习实践

以设立国际实习基地为抓手，培养精通国际规则的高素质法学人才。学校加紧与国际组织合作，设立了多个海外实习实践基地。于 2016 年启动了世界银行国际金融公司实习项目，每年派出两批本科学生前往世界银行附属国际金融公司进行为期 4 个月的实习，截止到 2019 年年底，该项目累计派出本科生 25 人。于 2013 年起，与美国密歇根州马克姆郡文化与经济合作中心合作，每年派出学生赴美国密歇根州议会及法院进行为期 1~3 个月的实习，截至 2019 年年底，该项目累计派出本科生 70 人。此外，学校还大力支持本科生参加国际竞赛和国际会议等国际实践，本科生在国际刑事法院模拟法庭竞赛、杰赛普国际模拟法庭竞赛等多个国际比赛中屡创佳绩，先后有多名本科生参与国际学术会议并作主题发言。

法学的生命力在于实践，国际化的法学人才培养离不开国际化的法学实践。学校通过为本科生提供国际组织实习机会，让学生切身了解国际组织运转，参与国际司法实践。提升了学生的专业素质，增强了学生的专业自信和国际适应能力，为其日后的国际化从业之路，做了良好的铺垫。

4. 国际化校园文化营造

以国际化校园文化营造为抓手，拓宽学生的国际视野。培养国际化高层次人才，就要发挥校园文化对学生潜移默化的作用。[1]学校在国际化校园文化营造这块阵地上深耕细作，多措并举。比如，在本科生入校时即向全体新生发放《中国政法大学本科生国（境）外交流学习指南》，对现有国际交流项目和国际联培项目概况、选派标准、选拔流程等作详细介绍，提导每一位有国际交流意愿的学生抓住机会，早做准备；每学期末发行下一学期《中国政法大学国际课程手册》，对即将开设的国际课程及授课教师做相关推介，供学生选修参考；定期举办"西窗法雨"国际学术沙龙，邀请国际教师及我校具有国际学术背景的专任教师参与，就各自的专业领域及相关的社会热点问题进行学术分享，沙龙主题涉及法学、哲学、艺术与文化等多个领域；实施"本科生海外提升支持计划"，于每学期开设"雅思托福"公益培训班，面向全校本科生免费开放。此外，该计划还为家庭经济困难学生提供语言考试报名费和国际交流一次性往返旅费支持，争取让每一位学生都享受平等的国际交流机会，不让一名学生因为家庭经济困难掉队；组织成立学生社团"国际交流协会"，招募广大有志于投身学校国际化建设的学生成员，目前该社团已成为学校与学生之间国际化信息传递的重要纽带，成为本科生获取国际交流信息的主要平台，成为学校举办各项国际化活动的有力依托。

积极开放、兼容并包的国际化校园文化，是培养国际化本科人才不可或缺的土壤，在本科生成长过程中发挥着"润物于无声"的影响。在高校

---

〔1〕 马化祥、霍晓丹：《国际化视野下的高校校园文化建设——以北京大学建设和谐校园文化为例》，载《思想理论教育导刊》2011 年第 3 期。

国际化进程中，只有营造国际化文化与落实具体措施双管齐下，才能更好实现培养国际化本科人才的目标。

四、以科学的制度、专业的管理、专门的经费为保障

(一) 科学的制度

本科国际化建设中，学校特别重视相关制度建设，先后制定了一系列涉及国际化人才培养的规章制度。如国际课程建设方面，学校专门研究制定了《中国政法大学国际课程建设管理办法》，对有关国际课程的建设主体、建设方向、开设流程、经费使用等多个方面做出了具体的规定。制定了《中国政法大学国际课程国际教师工作规范》，对前来授课的国际教师的言行表现、师德师风提出了具体要求。出台了《中国政法大学国际课程课堂教学质量评价指标体系》，对国际课程的质量标准作了明确要求，着力打造"金课"，淘汰"水课"。学生国际交流交换方面，学校制定了《中国政法大学本科生国际交流交换培养工作管理办法》，对每学期选派流程、选拔标准、派出前后学生管理等方面做出了具体的规定。制定了《中国政法大学本科生到境外大学交流学习学分认定办法》，对学生归国后学分和成绩折算认定等作出了具体规定。制定了《中国政法大学"双一流"赴国/境外项目资助和评审暂行办法》，对符合条件的学生给予经费资助。学生国际实习实践方面，制定了《中国政法大学本科生参加国际学术会议资助办法》，为参与国际学术会议的学生提供经费支持。科学的建章立制，是加强学校规范化管理的需要，同时有效的引领和保障了学校国际化建设，一系列规章制度也成为学校打造国际化人才培养体系的起点。

(二) 专业的管理

一流的高校要有一流的管理。为推动本科国际化人才培养发展，学校不断加强管理建设，组建了专业的管理团队，形成了重大事项专门决策，工作流程严谨规范，工作信息多途径公开的立体化工作模式。

管理团队方面，院校两级主体通力配合。学校层面由教务处、国际合作与交流处主要负责本科国际化人才培养，相关业务部门予以支持。教务处内专门成立了交流培养科，负责国际化人才培养路线的执行，国际化人

才培养项目的组织实施，国际化人才培养效果的评价等。国际合作与交流处有专门的项目科及派出科，负责学生国际交流交换项目的拓展与管理工作。学院具体负责本院国际化人才培养，承接全校性国际化人才培养项目的落实。除体育教学部外，全校 12 个承担本科生培养任务的院部均成立了由学院院长或副院长专职领导，学院教学科研办公室及外事秘书参与的专门管理团队。在管理团队专业化及国际化方面，学校也做了大量尝试和努力，一方面定期派出管理人员赴海外高校开展为期 3 个月至半年不等的研修。另一方面，积极接受海外高校管理人员来校开展协同办公，于实践中为本校管理人员创造与国际接轨学习的机会。

学校还成立了由院校两级专业教师组成的本科教学指导委员会，定期召开例行会议，涉及国际化人才培养的重要事项均需由该委员会审议决策后方能施行。成立了国际课程专项督导组，成员为本校各专业海归教师，采取随堂随机听课的方式，考察国际课程的讲授质量，对每学期开设的国际课程进行全方位的督导和把控。专业高效的管理，已成为学校打造国际化人才培养体系的有力依托。

（三）专门的经费

古语有云："巧妇难为无米之炊。"没有充足的经费保障，本科国际化人才培养体系建设便如无根之树也就无从谈起。自 2013 年起，学校每年将本科国际化建设纳入专项预算，统筹安排专门经费，用以保障国际化建设的推进落实。在资金的拨付和使用上，要求财务、教务等部门有序规范的组织调度，专款专用，合情合理的使用每一笔款项。并制订配套的资金管理办法，如《中国政法大学国际课程建设经费使用管理办法》，对每一门课程的预算上限、国际教师课酬标准、教师往返机票及食宿报销额度等涉及经费使用的全部方面作出了细致的规定，以确保经费的使用效益和使用安全。逐年加大的经费支持，解决了学校本科国际化建设的后顾之忧，是打造国际化人才培养体系的根本保障。

五、新时代国际化法学人才培养工作的展望

作为中国法学教育的最高学府，中国政法大学将勇挑引领未来国际化法学人才培养的重担。牢记"为谁培养人"的历史使命，瞄准新时代国际化法学人才培养内涵，以学校双一流建设为契机，深入贯彻落实国际化发展战略。紧紧围绕"人才培养"这一中心，沿着既定"引进来""领出去"两条工作主线，两手都要抓，两手都要硬。加大在国际课程建设方面的投入，拓展课程的宽度与深度，引进更多学术声誉好、教学水平高的国际师资，尝试运用网络教学等技术手段，建立跨国家地区的课堂共享和联动，实现本校与国际优质教育资源的优化融合，让每一位法大学子受益，同时进一步丰富海外学生了解中国法学教育的途径。完善学生国际交流交换体系，在产学研方面与更多海外名校加强合作，扩大自身"朋友圈"，为广大本科生提供更为多元的国际交流交换机会，考量每位学生的职业规划、专业特点、个人兴趣后，为其提供定制化的海外学习方案。积极与相关国际组织、国际司法机构联系，争取开辟更多国际实习实践基地，派出更多学生赴海外开展实习实践，展示中国优秀法科学子形象。进一步加大校园国际化文化营造力度，开创更多活动品牌，推动校园国际化氛围由"外源性"向"内发性"转变，即从由学校有意识的采取措施引导学生重视国际化、走向国际化，转变为每位学生个体的国际化自发的成就学校整体的国际化。学校还应继续探索、敢破敢立、砥砺前行，不断健全相关制度，完善管理保障，不断加大经费投入。以期打造符合新时代要求、经得起新时代考验的国际化法学人才培养体系，培养出更多国际化高端法学人才。

法学教育的目的 *

[美] 朗·L. 富勒　著**

王志勇　郑易通　赵绍星　译***

关于法学教育，我所有的思考起点在于法律职业自身。我相信该职业，而且我也相信该职业对于人类有益。

我曾听到的关于律师的最好定义，来自朋友的女儿。一个邻居家的孩子问她，你爸爸是做什么工作。她说"他是一名律师"。"律师是干什么的?""律师是帮助人的人。"

这通常是对律师的一个好的定义。我认为，在我们现在所生活的时代，这个定义具有新的更深的意蕴。人们此前从未像今天这样需要帮助。人们需要帮助，从而在共同平台上相互交往，从而寻求到共同生活的方式。

我在许多年之前就曾讲到，当我们在 20 世纪中叶抛弃了"自然法（law of nature）"观念时，我们就丢失了一种有价值的洞见。今天我依然坚持我的想法，而且即使这么多年过去，我的想法从未变过且更加坚定。

我们需要如下这种自然法的观念：除了法律行为模式和立法

---

　　* 编者注：该文是富勒教授在耶鲁法学院法学教育论坛上讲话的修改版，该论坛于 1946 年 12 月 4 日举行。译者注：本文原载于 2 Rec. Ass'n B. City N. Y. 120 1947。

　　** ［美］朗·L. 富勒，哈佛法学院法学教授。

　　*** 王志勇，河南财经政法大学法学院讲师。郑易通，河南财经政法大学法学院 2019 级法理学硕士。赵绍星，河南财经政法大学法学院 2019 级法理学硕士。

命令之外，法律之中还有其他东西。我们之所以需要它，因为它指出了律师最核心的任务。

通过隐喻的方式，可以最佳地阐述我的观点。想象一下，你的手里有20个不规则小纸板。每一个纸板都代表一个人，每个人都有自己独特的能力、愿望和兴趣。这些碎片的形状不规则而且多种多样，因为人本来就是这样。在你们的桌子上有一个圆圈，你要把所有的纸板放到圆圈里。这个圆圈代表着能够满足人的愿望和实现人的能力的全部方法。如果你让这些纸板随机的掉落在圆圈里，你将会发现他们中的许多都将会压到一起，使得圈内留有空白之处。换句话说，就是不能充分利用空间。通过不断实验和耐心地重新整理纸板，你将会发现，有可能从根本上减少纸板重叠、挤压的情况。换句话说，鉴于这个圆圈的尺寸和纸板的尺寸类型，世上存在这样一种法则，其在某种程度上决定了纸板如何被排列从而尽可能地充分利用空间并且最大限度减少重叠。

我知道，上述简单的图形游戏存在许多问题。事实上，这个圆圈并不是一个圆圈，而是一些本身就不规则的东西。它并不固定，且有伸有缩。事实上，这些纸板并不代表独立的个体人，而是人类及其制度的复杂综合体，其也经常变化。除此之外，我们的任务并非把纸板简单整理一下从而使它们被动地待在一起；相反，我们的任务是让它们一起工作。

尽管存在这些变量和限制条件，但这并不能影响我的如下主张：在安排和整理这些纸板时，我们履行着这样一个重要任务，即我们要使得纸板互相干扰的程度降到最低。这就是伊曼纽尔·康德的"自由意志之人的社群"的理念所传达的洞见。我们想要每一个人都尽可能的自由，法律的任务就是发现可以最大限度实现上述想法的方式。依据这种观点，律师的首要任务并不是阐述主权国家的命令，亦非预测法官会做出哪种判决，而是要去寻求真理……

通过一个更加具体的参照物，也许我能够清楚地表达我对律师任务的理解。在劳动关系领域，看起来通常存在两种利益间不可调和的矛盾：管理者追求产业效率（这也是一种社会利益），劳动者追求人格尊严和不被恣意欺负的权利（这种利益既是社会利益，同时也是劳动者利益）。在此，对于必须进入圆圈的纸板来说，圆圈看起来确实太小了，某些冲突似乎不可避免。

然而，只要具有耐心、洞察力以及艰苦的智识努力，人们将会发现有这样一种安排：其将会避免纸板重叠或者碰撞，或其在不打破圆圈的情况下将重叠或碰撞减少到微不足道的程度。我们有办法使得保护劳动者不受羞辱，同时也不大幅度降低工业效率。我们有办法提高产业效率，同时也避免恣意欺负劳动者。

这是律师经过恰当的法律训练后所擅长的工作。对于此种任务的履行而言，首要核心之处在于律师要具有一定的超脱性。除此之外，他可以将想象力和分析原因的能力结合起来，这同样不可或缺。代表管理层和劳工的律师为这项任务的完成作出了重要贡献。

我认为，法学教育的根本目的，不仅仅应该培养适合劳动关系领域内此种工作类型的律师，而且应该培养适合我们整个社会经济秩序内此种工作类型的律师。

你可能会问我："法学教育需要什么样的改革呢？"我认为，你可以继而通过询问如下问题从而又快又好地获致答案："在过去两三代内，对法律职业的需求本质上发生了哪些变化？"由此，你将会对我们当前法学教育的不足有一定的认识。

教育落后于其所面临的任务，这是一个相对稳妥的总结。在教育似乎表面上成功的情况下，这种情况特别容易发生。与一般的教育相比，在过去四十年中，本国的法学教育当然可以算非常成功。我最敏锐的同事曾经说过，哈佛大学最大的障碍就是它的成功。我认为，我们可以将观察目标扩展到案例教学法和整个的美国法学教育。

与本科教育对比，美国法学教育成功的秘密在于如下事实，即其以问题为中心。这种方法的智力挑战在数十年间没有根本性的变化，取得了巨大成功。确实，这种成功令人瞩目，以至于使用这种方法的人经常会忘记反思：他们正在处理的问题是否与他们培养法律人的任务一致。

案例教学法起源于 1870 年，当时兰德尔来到哈佛大学担任法学院院长。过了大概 30 年，它才成了哈佛大学的主流教学方法。在 19 世纪的前十年，案例教学依然是一个问题，然而到一战时期，关于这个问题的争论就烟消云散了。因此，我们可以把 1900 年当作转折点，此后当下的法学教育模式方才确立。

如果把 1900 年法律职业工作同今天的法律职业工作相对照，我们可以总结如下：律师的责任范围已经大大扩展了。

在我看来，律师责任的扩大体现在两个方面。

第一，就事实而言，他现在负有一致在类型方面不同的责任。在 1900 年，律师一般只是辩护人或者严格意义上的法律顾问。作为一名辩护人，他处理的事实不同于行政人员所要处理的事实，而是法庭事实（forensic facts）、被记录在书面材料里的事实。当他给出法律意见时，通常无需对事实问题负责。其正式的法律意见书开始就说，假如事实是如何如何，则必然导致何种法律后果。

半个世纪过后，律师通常承担的责任也发生了变化。今天，无论他是私人律师还是政府律师，他现在对于事实的责任跟行政人员一样，他不在处理法庭事实，而是处理管理性事实（managerial facts）。

然而，大体而言，法学教育关心的事实仍是书面记录的事实，或者更糟糕的是上诉裁决中记载的有倾向性的事实概要。

这是一个严重的缺陷，因为在我看来，律师在任何情况下最大的贡献之一就是了解事实。然而，这个世界上有那么多人在作决定，但他们对于自己正在真正决定的事却不甚了解。

如果我们要使形状不规则的纸板进入圆圈内而没有太多的重叠，则必须有人站在一边，研究这些纸板的实际形状以及放置这些纸板的圆的实际尺寸。根据我的经验，如果这些工作必须要完成，这是必须由律师完成的工作。法学院有责任为他这份工作做好准备，但我并不认为我们中的任何人现在能把这项工作做得很好。

关于这一点，我想宣读我们委员会从一位经验丰富的毕业生那里收到的摘录：

"我认为，年轻的律师更为严重的缺陷如下：

在许多情况下，倾向于将复杂的问题简化为一两个法律要点。事实上，这些法律要点附随于非常重要的事实问题，而这些问题可能并没有被涉及。

律师对法律要点的兴趣通常会导致他假设：事实是如此这般，以至于该要点实际上被包含于他所面对的情况之中。这是做他最容易做的事情的简单方法。他在图书馆很容易找到法律权威；通常，如果不与证人进行乏味的交谈，他就无法了解真正的事实。他可能知道，隐藏在真正律师的尊严背后的事实问题是什么。令人惊讶的是，并非主要由律师组成的已经长期建立的政府组织在处理复杂问题时往往比完全由律师组成的团体或部门更有能力。那些试图与非法律团体和法律团体打交道的局外人，通常很难在法律团体中找到一个能够很好地宏观把握整个复杂局面的律师。该法律团体的普通年轻成员回避实际问题、游走于理论，这使其变得无用"。

第二，回溯过去半个世纪法律职业责任的变化，我认为另外一个巨大的变化在于，今天的律师通常要对所谓的"总体决定（the total decision）"负有责任。无论是因私人利益还是政府机构做出的决定，几乎任何决定都是法律因素和法外因素的综合。在淳朴的年代，当利益关系不那么复杂的时候，律师借由巧妙的方法可以逃避考虑"法外"因素的责任。然而，他今天已经没有这些方法了。今天，他必须能够自己综合考虑法律和法律外的因素，他必须能够对"总体决定"做出负责任的贡献。

在此，美国法学教育的第二大缺陷显而易见。我们没有对学生进行此种过程的培训，从而使其能够做出总体决定。

对于哥伦比亚的盖霍恩教授表达他正在主持的行政法研讨会目标的方式，我们当中的许多人非常感兴趣。他表示，这种转变起始于"能做些什么"，终结于"综合考量之后，应该做些什么"。这巧妙地表达了许多美国法学院中的人长期以来念兹在兹的强调重点之转变。然而，这一转变绝非已然完成。

我为更新美国法学教育而开出的一般性药方如下：我们必须使问题教学法（the problem method）隐含在案例教学法中。我们必须继续关注真实问题，就像它们出现在真实的人类环境中。我们不要迷失在抽象的理论中。与此同时，我们必须从两个不同的方向扩展这些问题：其一，纳入鲜活的事实，而非冻结在书面记录中的事实；其二，纳入对最终决定有影响的"法外"考量因素。

在这一点上，我们所有院系的保守同事都会直言不讳地说：你在尝试不可能的事情。如果不使法学教育变得更简约，你就无法普及法学教育。我们必须集中精力于直接的思考。没有固定的参考点，你就不能这样做。如果我们允许法学教育随处漫游，它就变成了意见和偏见的随意杂烩。在这个问题上，我觉得自己有点偏左。

另一方面，我相信保守派有道理。作为对这一结论的证实，我可以引用我数次经历的情况。受过文学或历史训练的学生进入法学院，其很快就对法律推理产生了强烈的厌恶。其抱怨说这狭隘、乞题和同义反复。我的一个非常敏感的学生曾经说过，"在我看来，当一个问题变得非常重要时，它就不再是一个法律问题了"。在法学院尝试了一年左右后，这样的学生视法律为糟糕的工作而放弃了。其回到了自己的首要兴趣，这可能是历史、心理学等典型的"人文学科"。然后，他发现他回去之后已经变成一个没有国家的人。他的法律训练对他产生了某种影响。他再也无法忍受老师和同学们含糊、松散的方法了。奇怪的是，他确信自己已经成为一个更成熟的思考者、通常而言更有效率的人；然而，这却是他在接受法律培训时努力抗争的结果。

在我看来，工程教育改革委员会的以下声明很好地表述了美国法学教育的基本困境：

"专业工程师必须不断地处理涉及如下内容的问题：不确定价值、无形因素以及做出选择性甚至推测性假设。然而，在处理这类问题时，他必须像处理数学问题一样运用完全性和有序性思维。学习如何很好完成上述任务，这是极其困难和重要的事情"。

教人们如何去做这件事情，这个问题不可能仅靠一个人或一所学校就能解决。然而，我认为解决这一问题至关重要。

我们生活在一个受到国际和国内混乱威胁的世界。在我看来，这种威胁不是来自邪恶的意图（既不是俄罗斯人也不是约翰·L. 刘易斯），而是来自我们无法真正理解彼此的问题。我相信这句话中有一个深刻的真理：

这个世界的不公正并非源自拳头，而是手肘。我们需要一个有想象力、耐心和技巧的人，其能够设计座次安排，既让我们所有人都能参加宴会，又能避免手肘相互碰撞。唯有律师有能力做这项工作，我们的责任则是为此而训练他。

【译者按】作为新自然法思想的代表性人物，在其去世之前的大致一个世纪内，富勒是美国最为重要的四个法律理论家之一。作为"二战"刚刚结束后的哈佛大学课程委员会主席，富勒针对法学教育著有许多作品，其在法学教育方面的著作比其他任何美国学者都多（除了卡尔·卢埃林）。但目前关于富勒的自然法思想的研究深度不够，对其法学教育思想更是关注不足。富勒的法学思想在其于 1978 年去世之后的一段时间内相对不受学者关注，但近年来有所改观。1994 年 8 月，《法律与哲学》（*Law and Philosophy*）杂志出版了一期关于富勒思想的专刊。1999 年，西方继"哈特热"之后发出"重新发现富勒"的呼声，出版了专著（*Rediscovering Fuller：Essays on Implicit Law and Institutional Design*，Willem J. Witteveen and Wibren van der Burg eds.，Amsterdam：Amsterdam University Press，1999.）和若干篇书评文章。2008 年 12 月 17、18 日，由澳大利亚国立大学法学院推进法律研究的约翰·弗莱明中心（John Fleming Centre for Advancement of Legal Research）组织了一场关于哈特-富勒论战的专题研讨会，世界顶级的法学家例如克里斯托弗·库兹（Christopher Kutz），杰拉尔德·鲍斯特玛（Gerald Postema），杰里米·瓦尔德隆（Jeremy Waldron）等都出席会议并发表论文，会后以论文集出版（*The Hart-Fuller Debate in the Twenty-First Century*，Peter Cane，eds.，Oxford - Portland Oregon：Hart Publishing Co，2010.）。上述著作普遍对富勒程序自然法思想中"自然法"成分关注不够，但新近的学术发展有所改善，英国伦敦财经学院的讲师克莉斯汀·朗德尔（Kristen Rundle）和澳大利亚的昆士兰大学的副教授乔纳森·克洛维（Jonathan Crowe）在此做出了有益的探索。See Kristen Rundle，*Forms Liberate：Reclaiming the Jurisprudence of Lon L Fuller*，Oxford-Portland Oregon：Hart Publishing，2012；Jonathan Crowe，"Between Morality and Efficacy：Reclaiming the Natural Law Theory of Lon Fuller", *Jurisprudence* 5, 2014, pp. 109–118. 富勒关于法学教育比较重要的论文, See Lon L. Fuller, "Objectives of Legal Education", *Record of New York City Bar Association* 2, 1947, pp. 120–127; Lon L. Fuller, "What the Law Schools Can Contribute to the Making of Lawyers" (conference), *Journal of Legal Education* 1, 1948, pp. 189–204; Lon L. Fuller, "The Place and Uses of Jurisprudence in the Law School Curriculum" (roundtable), *Journal of Legal Education* 1, 1948, pp. 495–507; Lon L. Fuller, "On Teaching Law", *Stanford Law Review* 3, 1950, pp. 35–47; Lon L. Fuller, "What is The Bar Examination Intended to Test?" (Panel), *Bar Examiner* 20, 1951, pp. 111–120; Lon L. Fuller, "Legal Education and Admissions to the Bar in Pennsylvania", *Temple Law Quarterly* 25, 1951, pp. 249–300; Lon L. Fuller & John D. Randall, "Professional Responsibility: Report of the Joint Conference", *American Bar Association Journal* 44, 1958, pp. 1159–1162, 1216–1218; Lon L. Fuller, "The Academic Lawyer's 'House of Intellect' ", *Journal of Legal Education*, 14, 1961, pp. 153–163; Lon L. Fuller, "Some Observations on the Course in Contracts" (roundtable), *Journal of Legal Education* 20, 1968, pp. 482–484. 相关教科书, See Lon L. Fuller, *The Problems of Jurisprudence*, Temporary ed., Brooklyn, N. Y.: Foundation Press, 1949. Lon L. Fuller, *Basic Contract Law*, St. Paul, Minn.: West Publishing Company, 1947; 2d ed., with Robert Braucher, 1964; 3d ed., with Melvin Aron Eisenberg, 1972; 4th ed., with Melvin Aron Eisenberg, 1981. 此外还有很多在富勒去世后发现的关于此主题的残篇, See Lon L. Fuller, "The Lawyer as an Architect of Social Structures", in his *The Principles of Social Order: Essays of Lon L. Fuller*, Editedwith an introduction by Kenneth I Winston, Oxford–Portland Oregon: Hart Publishing, 2001, pp. 285–291; Lon L. Fuller, "On Legal Education", in *The Principles of Social Order: Essays of Lon L. Fuller*, Edited with an introduction by Kenneth I Winston, Oxford–Portland Oregon: Hart Publishing, 2001, pp. 293–303. 就富勒相关法学教育著作的概览, See also Robert S. Summers, *Lon L. Fuller*, London: Edward Arnold (publisher) Ltd., 1984, p. 137.

中英法学硕士研究生教育差异探讨

李 文*

 一般认为，我国的法律体系属于大陆法系，也称民法法系。英国的法律体系属于英美法系，也称普通法系，或海洋法系。英格兰和威尔士的法律体系是英美法系的发源地。我国的法学本科毕业生大学毕业之后，以及相当数量的法学硕士研究生毕业之后，为了开阔视野，提升自身在就业市场的竞争力，选择出国留学。在法学专业领域，我国学生出国留学首选的两个最热门的留学目的地国一直是美国和英国。美国和英国的法律体系都属于普通法系。本文作者在中国政法大学接受了系统全面的本科法学教育，大学三年级时有幸获得奖学金赴英国牛津大学法学院学习英国普通法，在英国接受了完整而全面的法学硕士阶段和法学博士阶段的教育。法学博士毕业之后，作者在英国的大学法学院获得了正式教职，进行了多年的英国法学教育和法学科研工作。从2016年开始，笔者全职回到中国政法大学，进行法学教育和科研工作。到2020年，笔者对于中英两国的法学教育和科研，有着20年以上的直接经验以及深刻的亲身体会。本文试图从法学硕士研究生教育的主要方面，对于中英两国的法学硕士研究生教育进行比较研究和论述。

---

* 李文，中国政法大学民商经济法学院副教授。

一、学制与录取

从法学硕士研究生的录取情况来看，中英两国存在明显的差异。我国的法学专业在硕士研究生阶段分为学术型的法学硕士研究生和专业型的法律硕士研究生。学术型的法学硕士培养年限通常是三年，侧重于法学理论的教育。专业型的法律硕士培养年限通常是两年，侧重于法学实务和实践的教育。其中专业型的法律硕士研究生，根据学生本科是否是法学专业，分为法本法硕和非法本法硕。一般认为，法本法硕的法学基础相对于非法本法硕的法学基础要好一些，毕竟本科四年法学专业的熏陶已经打下了坚实的基础。非法本法硕的学生虽然本科阶段没有学过法学专业，但是他们的优势往往在于本科阶段学过其他相关专业，而法学专业是一个与若干学科，特别是社会科学高度关联的专业。比如非法本法硕的学生本科阶段若是经济学或金融学专业的，那么硕士阶段学习经济法或者金融法就很容易得心应手；又比如非法本法硕的学生本科阶段若是工程技术背景的相关专业，那么硕士阶段学习知识产权法，特别是专利法就具有很大优势，再比如本科阶段是医学专业的学生，如果硕士阶段转入医学法和卫生法的学习和研究，那么无疑具有很强的比较优势。无论是何种专业的背景，对于本科毕业生而言，通过保送进入或者考研考入著名综合性大学的法学院以及专业性的政法院校，都不是一件容易的事情，往往面临激烈的竞争。近年来，由于推免生比例的逐渐增加，在总体录取人数相对稳定的情况下，通过考研进入著名法学院校的难度进一步加大。

英国的情况则不太相同。英国的法学硕士学位分为两种，一种是授课式法学硕士学位[1]，以上课为主，学制为一年，这一学年当中，学生要根据自己的专业选修4~6门课程，每一门课程都要通过考试，在这一学年的最后三个月（通常是每年的5月—8月）还要撰写一篇硕士水平的学位论文，才能顺利毕业。另外一种是研究式法学硕士学位，学制通常是两

---

[1] 参见英国伦敦政治经济学院法学院官网的授课式法学硕士项目的介绍：http://www.lse.ac.uk/law/study/llm，最后访问时间：2020年6月1日。

年。这种研究式的法学硕士学位其实是为打算继续攻读法学博士学位的学生准备的。研究式法学硕士通常不需要太多上课（研究方法论的课需要上），两年之内顺利毕业的前提是完成一篇高质量的学术论文。若是有意继续攻读博士学位的学生，通常需要在研究式硕士的第一年半的时候提交一篇与打算攻读的博士学位研究课题高度相关的实质性章节（而非研究计划的介绍性章节），给答辩委员会的教授们做决定，如果答辩委员会认为该实质性章节达到了继续攻博的水平，那么研究式硕士生就能够正式升级为博士研究生，继续博士阶段的研究课题。如果答辩委员会的教授们认为该实质性章节不足以满足升级的要求，那么该学生将面临两个选择，一是继续完成二年制的研究式硕士学位，争取顺利毕业。获得研究式硕士学位的毕业生，一般会进入法律实务类的就业市场，而无法进入学术类的就业市场，因为高校的正式教职以及研究所的科研职位大多数都需要博士学位。二是对该实质性章节作出修改，再次提交给答辩委员会的教授们，来决定下一次是否有资格升级成为博士学位的候选人，如果再次不能升级成功，那么讲丧失升级的申请资格。

英国的法学硕士的这两种培养模式决定了它们的学生的学习目标是很不一样的。大多数学生会选择一年制的授课式硕士学位。只有少数有志于未来从事法学教学和法学学术研究的申请者才会选择研究式硕士，以便早日成为博士候选人，继而拿到博士学位，进入学术界。这两种培养模式可以与我国的培养模式进行对比。授课式法学硕士类似于我国的两年制法律硕士学位，只不过英国的学制更短，学习强度更大。研究式法学硕士类似我国的三年制法学硕士学位，都是侧重培养学术研究的人才。

从学生生源的结构来看，我国的法学硕士生的生源以我国自己培养的本科毕业生为主。今年来，由于我国高校的国际化进程的加快，我国的高等教育水平越来越高，在世界范围内的吸引力也越来越大，许多法学院校里能够看到越来越多的外国留学生来中国用英语或者中文攻读硕士学位，甚至是博士学位。英国的法学院的国际化历程起步得比较早，在法学本科教育阶段，学生生源大多以英国本土生源为主。但是到了硕士研究生阶段，大部分的学生都是国际学生，其中有相当一部分来自于欧盟成员国，还有很大一部分来自于欧盟以外的世界各国，中国和印度的生源占了较大的比例。

从英国大学法学院的硕士生录取情况来看，同样符合排名越靠前，录取的难度越大原则。常年位居全英前几位的著名法学院，比如牛津大学法学院，剑桥大学法学院，伦敦政治经济学院，伦敦大学学院，伦敦大学国王学院和伦敦玛丽女王大学，录取学生的标准和门槛都非常高，拿到其录取通知书是非常不容易的事情。[1]每一位申请者面对的都是来自全世界各地的非常优秀的竞争者。申请难度根据法学院排名依次递减，排名比较靠后的法学院相对来说申请难度不大。然而，与此相对应的是，名牌法学院的毕业生在求职时的竞争力要明显强于非名牌院校的毕业生，在进入职场之后，名校毕业生的校友网络也会带来直接或者间接的益处。在这一点上，中英两国是比较相似的。

二、毕业

从毕业的角度来看，我国高校法学专业的硕士研究生的毕业率还是比较高的，绝大多数学生能够顺利按时毕业。英国大学法学院的硕士生毕业难度根据其硕士生的类型各有不同。授课式法学硕士生的按时顺利毕业的比例很高，绝大多数的学生都能够在一年的时间按时毕业，很少有学生申请提前毕业，也极少有学生延期毕业的。从毕业成绩来看，大多数学生的成绩区间分布在"良好"与"通过"两个档次，少数特别优秀的学生能够获得"优秀"。而研究式法学硕士研究生的情况则要严峻得多，相当一部分的学生无法顺利升级成为博士候选人，也有很多学生放弃升级申请成为博士候选人[2]之后，仍然不能在两年之内写出符合要求的研究式硕士学位论文，而只能延迟毕业。法学博士学位是进入学术界，在高校获得正式

〔1〕　参见英国卫报 2020 年英国大学排名和英国法学院排名：https：//www.theguardian.com/education/ng-interactive/2019/jun/07/university-league-tables-2020，最后访问时间：2020 年 4 月 29 日。

〔2〕　例如，参见英国伦敦大学学院法学院的研究式硕士学位以及法学博士研究生项目的官网介绍：https：//www.ucl.ac.uk/laws/study/mphilphd，最后访问时间：2020 年 6 月 1 日。

教职的必要条件[1]。英国大学法学院在硕士阶段的设计，使得能够升级成为博士候选人的学生少之又少。即使升级成功，能够在四年时间内顺利拿到法学博士学位的学生也并不多。笔者分析，英国这样的设计是与就业市场供求关系密切相关的。对于授课式法学硕士的就业去向，绝大多数是法律实务界的工作，比如律师事务所，金融机构，公司企业，国际组织，等等。实务界的工作机会是非常丰富的，市场的需求和供给都比较旺盛，人员流动性也比较大。而研究式法学硕士的就业去向主要是高校和各类学术研究机构，这些机构的工作机会比实务界少很多，工作也比较稳定，人员流动性不大，因此从人才培养的制度设计方面，就有意减少了研究式法学硕士和法学博士的培养规模，从而使得人才市场的供给和需求，在一个较长的时间里保持动态的稳定与平衡。

三、学生的学习内容与研究偏好

我国法学院校本科阶段的培养模式多数采取大法学的模式，即四年时间，把法学学科的专业主干课与专业选修课系统地教授给本科生们。进入法学硕士研究生和法律硕士研究生阶段之后，学生学习的主要内容，是根据所在专业，选择法学二级学科的某一个具体方向。比如民法，商法，经济法，知识产权法，金融法，等等。在三年或者两年的硕士生阶段，力求对该具体方向有一个深刻的认识和研究。学生的研究偏好一般也就是自己所选择的专业方向。这样的培养模式是非常符合教育的一般规律的。

英国的法学硕士研究生阶段的学习内容与研究偏好，也要分为授课式硕士和研究式硕士来分别探讨。对于授课式硕士生而言，由于绝大多数学生来自英国以外的国家，本科并没有受过系统的英国普通法的训练。很多学生来自于非英语国家，英语不是他们的母语，学习困难较大。刚开始上课，许多学生面临，既不懂英国普通法，英语又不足够好而听不懂课的局

---

[1] 来自英国乃至英语系国家和英联邦国家的博士毕业生们最常用的学术类工作的求职网站：https://www.jobs.ac.uk，最后访问时间：2020 年 6 月 1 日。每年 11 月—12 月前后是学术类工作职位大量出来的时候，毕业生们往往在这个时间段抓紧投递简历，以期获得大学和科研院所新出来的职位的面试机会。

面。因此，为了顺利通过考试和毕业论文，多数学生写作的论文题目会选择他们自己本国法的题目，或者至多选择自己本国法与英国法或者欧盟法比较研究的题目来进行写作。比如，来自尼日利亚的知识产权专业的留学生的硕士毕业论文，可能会写尼日利亚著作权法与英国著作权法的比较研究；来自德国的商法专业的留学生的硕士毕业论文，可能会写德国商法与英国商法的比较研究。因此从学习内容和研究偏好来看，本科阶段的知识体系和语言能力的限制，对于留英硕士生来说具有决定性的作用。在此特别要提的是英语的语言能力，英语非母语的国际学生在攻读硕士学位过程中与英语是母语的学生相比，本身具有先天的劣势。特别是授课式硕士学位的课程以讲授为主，绝大多数刚刚去英国的留学生很难完全听懂英国教授们的课程，因此需要在获得教授允许之后，用录音设备录下课堂内容再回去好好听回放。英语非母语的国际学生在阅读英文案例和英文法学资料时往往也会遇到较大的困难。最大的挑战来自于某些科目需要闭卷进行的期末考试，3~4 个小时内要用英语答完十几道甚至几十道法学试题，若非经过精心准备和反复练习，很难顺利完成。

对于研究式法学硕士生而言，由于当中的很多人已经决定终生从事法学学术研究和法学教育工作，他们到英国留学，往往会愿意沉下心来，从头开始学习英国普通法的主要内容。比如研究国际金融法的学生，会从英国金融法的基础学起；研究诉讼法的学生，会从英国程序法的基础学起。这样的学习方法和研究偏好，相对于授课式硕士生而言要扎实一些，所需要的时间也更长一些。研究式法学硕士生遇到较大困难的点主要在于本科阶段没有英美法的基础，也没有欧盟法[1]的底子，那么在进行国别法比较研究的时候，需要重新下功夫。

四、综合能力培养与思维训练

以在中国政法大学任教的经验来看，我国国内高校法学专业的研究生

---

〔1〕 参见欧盟法第一手资料的权威介绍：https://europa.eu/european-union/law_en，最后访问时间：2020 年 6 月 1 日。

培养是比较侧重于知识传授的，对于法学研究生的综合能力的培养主要体现在研究生的高年级阶段的毕业学位论文的写作。在这一点上，英国的法学教育与我国的差异较大。如果翻开任何一份英国法学院研究生课程的教学大纲，在其中的培养目标或者教学目标一栏当中，往往会赫然写着，学习本课程所要培养的综合能力和所要达成的目标有："提高法学研究的水平""培养解决问题的能力""独立思考以及独立学习的能力""培养批判性思维的能力"以及"培养可转换的技巧与能力"。这五点培养目标并不是空洞的口号，而是确有明确的所指向的内容的。

第一，关于"提高法学研究的水平"，这是法学研究生的本职任务和基本要求，在这一点上，中英的法学研究生教育并无本质区别。法学研究的水平是否得到了真实的提高，是有一系列具体指标来衡量的。比如，能否非常熟练地掌握 Westlaw，Lexis，HeinOnline 等法学数据库的使用；能否在英文法条的行文与用词用句之间，识别出细微的差别和联系；能否与团队成员通力合作完成某项研究课题的调研工作；能否在最低程度的教师指导下，完成某项课题的自主研究；能否把握相关法学研究领域最新的发展动态与变化；能否将研究成果以最有效、最清晰的方式与方法呈现出来；能否胜任跨学科的研究工作，等等。让笔者印象深刻的，有一位英国法学硕士研究生，利用寒暑假的时间，回到他的非洲老家，对尼日利亚环境资源保护问题做了深入的调研，毕业时写出了一本书厚度的硕士学位论文，后来还把他的论文顺利升级成了一部专著，并且顺利出版发行了。

第二，关于"培养解决问题的能力"，很多英国法学院的教授们，深深知道"纸上得来终觉浅，绝知此事要躬行"的道理。记得笔者在爱丁堡大学法学院读硕士期间，有一门课程叫作《人工智能与法律》[1]。授课教师[2]

---

[1] 《人工智能与法律》这门课在爱丁堡大学法学院至今仍然存在，深受学生欢迎，而且在不断衍生出新的内容，涵盖了机器人、新兴通信技术、物联网等前沿的科技法律问题。参见 https://www.law.ed.ac.uk/study/masters-degrees/llm-innovation-technology-law#second/，最后访问时间：2020 年 6 月 1 日。

[2] 授课教师是来自德国的计算机和人工智能法律专家布哈尔德·谢弗（Burkhard Schafer）教授。参见 https://www.law.ed.ac.uk/people/professor-burkhard-schafer，最后访问时间：2020 年 6 月 1 日。

常常出各种各样极富创意的题目和问题，让同学们来解决。有一次早上上课，我们刚刚进入教室，发现老师躺在长条桌子上，嘴巴里面吐出白沫状的物质，黑板上用英文写着"我在酒吧里喝酒，被人灌酒灌晕倒了，身上的 200 英镑也被拿走了，不省人事，请同学们固定现场证据，帮我找出灌醉我的人。千万不要报警，也不要叫医生。谢谢。"于是，我们都知道，这是老师亲自设计出的场景游戏，要锻炼学生们面对意外场景，搜集证据，亲手解决问题的能力。同学们便各自分工，有的负责拍照，有的负责提取指纹，有的负责采集脚印，有的负责分析加害人的体貌特征，有的负责分析现场桌子椅子的位置，有的负责出门寻找加害人可能的逃跑路线，等等。全班同学各司其职，很快就得出了几套可能的方案，并且分析出谁是最有可能的加害嫌疑人。这个时候，老师笑眯眯地从桌子上爬起来，与大家一起探讨如何正确地分析加害现场的各种证据，如何从蛛丝马迹当中辨认出事情的真相。这样别开生面的课程还有很多，确实培养了研究生们解决问题的能力，也让学生们印象非常深刻，以至于很多年以后，当时课堂的场景还历历在目。

　　第三，关于"独立思考以及独立学习的能力"和"培养批判性思维的能力"，[1]这两种能力是相辅相成，密切联系的。多数英国的法学教师会鼓励学生在有理有据的前提下，不同意自己的看法与观点。法学领域很多问题往往也并没有固定的标准答案，不人云亦云，学会独立思考和独立研究问题是非常被看重，被欣赏的品质。记得笔者在英国授课式硕士毕业之后，刚刚开始进入研究式硕士阶段，也就是攻读博士学位的预备阶段，初次与指导教授讨论问题时，老师鼓励我就某个问题发表自己的看法。我说"我的看法与您一致"。下一次讨论问题时，我再次说"我同意您的观点"或者"我的看法与您一样"。这时候教授显得颇为不高兴，他直言不讳地告诉我说，他很不喜欢我这样的态度，如果我对于任何问题的看法都和他一样或者保持一致，只有两种可能性，一是我对于这个问题根本没有做过

---

〔1〕　参见英国牛津大学出版社出版的拉里·怀特（Larry Wright）所著的学术性专著《批判性思维》，载 https://global.oup.com/academic/product/critical-thinking-9780199796229? cc=cn&lang=en&#，最后访问时间：2020 年 6 月 1 日。

深入的研究和思考，提不出任何一点真知灼见，科研准备工作做得不充分不到位就不应该去见他；二是我即使做过研究之后，也提不出与他不同的观点，只会人云亦云，是缺乏批判性思维的典型表现。我被他教育过之后，在之后的当面指导课前，会做充分的准备工作；在一对一的单独指导课上，会尽力提出自己独立的思考，并且在阅读他的论文和著作中带着批判性而非盲从的眼光去阅读和学习。他的脸上逐渐露出了满意的微笑，对我的指导也更加耐心和尽心尽力了。关于批判性思维的研究方法，我从中悟到的重要一点是，批判性思维绝不是否定一切，怀疑一切的思维。批判性思维应当是建立在逻辑，理性和充分证据基础上的严谨求实的思维，对于事物的研究必须本着求真务实的态度，大胆假设，小心求证，以期获得与前人不同的并且更进一步的科研成果。

第四，关于"培养可转换的技巧与能力"，"可转换技巧"一次在英文当中叫作"transferrable skills"，中文当中对应的词叫作"举一反三"，或者"触类旁通"比较合适。意思是学习或者研究了某一个领域的专门的知识，那么同时也就具备了研究相关领域的其他专门知识的能力和技巧。甚至是，研究了某一具体领域的专业知识，那么同时也就具备了在其他陌生领域自主开拓创新的学习能力和研究技巧。同时，笔者理解，这个词组的意思当中还隐含了培养研究兴趣，培养自动自发的研究动力的意思。

英国法学院的研究生教育当中的培养目标和教育方式与我国的差异还是较为显著的，其教育手段，思维能力的训练方法也相对多样化一些。但是英国模式的缺陷也常常被人诟病，其中的一个重点是，英国法学院特别是著名法学院每年的研究式硕士研究生升级失败的几率较高，即使成功升级成为博士生之后，能够在3~4年之内顺利毕业的人数也较少，这样导致了相当一部分年轻人，包括一部分寻求职业生涯改变的中年人，在花费了数年的时间和精力之后，依然无法获得一张博士学位证书，也就无法在科研领域的就业市场上谋得一席之地。

五、教授与学校的期望值

我国法学院校的教授和硕士生导师们，每年对于招收硕士生大多是非常慎重的，在符合国家和学校的各项政策要求的前提下，往往愿意选择法学基础较好，外语水平较高，跨学科研究能力较强的学生。

英国大学法学院的研究式硕士生的第一年往往是和授课式硕士生们一起上课。上课的目的，一方面是对于相关学科的基础知识进行巩固和加深；另一方面，也是更加重要的方面，是教授们课上的讲授内容往往会对研究式硕士生们将要撰写的研究论文的论文选题有很大启发，并且能够在研究方法上有所启发。英国大学法学院的老师们和我国的法学教师们一样，主要承担三大类工作任务，即教学，科研和社会服务。相当多的法学教师们也从事兼职律师的工作。而来攻读法学硕士学位的研究生们的生源非常丰富多样，给研究生们上课往往能够碰撞出很多思想的火花。笔者在英国赫特福德大学法学院[1]和商学院任教期间，给研究生开设了英国银行法，国际金融服务法等金融法律的课程，每个班上有 20~30 位不等的学生。学生当中有些是执业多年的英国律师和欧洲律师，有些是金融监管部门工作多年后，脱产来学习的政府公务人员，也有一些是刚刚本科毕业的二十岁刚刚出头的年轻学生。笔者特别印象深刻的一点是，由于很多学生的实务经验特别丰富，每次上课都能就某个或者某些金融法律问题展开细致深入的探讨。而笔者给英国法学院的本科生上课时，则主要是以教师的单方面的讲授，学生听讲并且做笔记为主。结合与给我国研究生授课的经验相对比，我国研究生的授课方式与本科生更加相近，以教师讲授，学生听讲为主。

从英国大学的学校期望值层面来看，高度多元化和多样化的研究生来源对于丰富校园文化，促进跨文化的交流是非常有好处的。刚毕业的本科生能够贡献青春与活力，经验丰富的职场达人能够贡献职业发展的经验和教训，来自几十个不同国家的国际学生能够促进多元文化交流与融合，因此法学院在招生过程中，就已经把生源作为了重要的考虑因素，尽量避免同一背景和相似背景的学生数量过多，影响了多样性。

---

〔1〕　参见英国赫特福德大学法学院官网：https://www.herts.ac.uk/study/schools-of-study/law，最后访问时间：2020 年 6 月 1 日。

六、探讨结论

从上文的分析来看，虽然中英两国由于法律体系不同，语言不同，生源结构不同等多方面原因，在法学硕士研究生阶段的教育存在较大差异，但是仍然可以总结出法学硕士研究生阶段的法学教育具有的规律性的认识若干。第一，法学硕士研究生阶段的教育应当理论与实践并重，同时根据各种学位特点的不同有所侧重。第二，无论是我国还是英国，培养学生的国际视野和比较研究的能力都是十分重要的。第三，从一个更高的层面来看，法学研究生阶段的教育还应当注重学生法律思维的培养。正如林来梵教授论述的，法律思维的特点包括"崇尚秩序，追求正义""尊重规则，信仰良法""程序优先，重视证据""高度理想，适度保守"等方面。这些重要的法律思维也应当贯穿于硕士研究生培养的全过程，以取得更好的人才培养的效果。[1]

---

〔1〕 陈光中主编、唐玲副主编：《法治思维与法治理念》，清华大学出版社 2016 年版，第 19~21 页。

法律职业伦理教育的改革及其面临的挑战

刘晓兵[*]

高等法学院校应当在传授法律知识的基础上兼顾法学教育的职业技能训练目标和职业伦理培养目标，把学生培养成为德才兼备的法学人才。之所以如此要求，是因为"法治在一定程度上是'法律人之治'，法治的实现需要仰赖法律人的推动和实施"。[1]倘若法律人无视职业伦理，不仅不能履行自己的法治责任，反而还会破坏法律的实施和司法公正的实现。在这个方面，美国是有深刻教训的。在1972年的"水门事件"中，涉事的尼克松总统本身就是律师，其顾问团队也都是律师。然而，为了掩盖水门事件的真相，尼克松和他的顾问团队竟然共同违背职业伦理，不但妨碍司法调查，而且为之提供伪证，一时令社会舆论哗然。[2]为了对这一事件进行反思，美国律师协会（ABA）很快做出一项重要决定，强制其认证的法学院（Accredited Law Schools）把法律职业伦理列为必修课程并植入律师职业资格考试之中，法学院学生必须修满法律职业伦理课程的学分才能参加律师职业资格考

---

　　* 刘晓兵，中国政法大学法学院教授，法学博士，主要从事法律职业伦理教学科研工作。
　〔1〕 孙笑侠等：《法律人之治——法律职业的中国思考》，中国政法大学出版社2005年版，第13～14页。
　〔2〕 参见任东来等：《美国宪政历程：影响美国的25个司法大案》，中国法制出版社2005年版，第295页。

试。在美国的影响之下，澳大利亚、加拿大以及作为亚洲近邻的日本、韩国也先后把接受法律职业伦理教育作为从事法律职业的必要条件。

与此形成鲜明对比的是，中国的法律职业伦理教育在过去相当长的时期内一直处于边缘状态，没有受到应有的重视。其直接表现就是，法律职业伦理在过去相当长的时间内未能成为法学专业的必修课程，也没有成为法学专业的一个独立学科，更没有在相关法律职业资格考试中得到应有的体现，致使大量法学专业毕业生在毕业若干年以后仍然难以树立正确的法律职业伦理观念。

这种情况直到 2015 年才有实质性的改观。其时，中共中央办公厅、国务院办公厅联合发布《关于完善国家统一法律职业资格制度的意见》（以下简称《意见》），强调法律职业伦理在法律职业资格考试中的重要性。在之后的 2017 年，国家主席习近平到中国政法大学考察并就法学教育发表重要讲话，强调法学教育要立德树人，德法兼修，培养大批高素质法治人才。作为响应，法学教育相关主管部门和全国高等法学院校随后开启一系列改革措施，以突出法律职业伦理教育的重要地位。当然，从目前来看，这些改革措施虽然已经取得一些成果，但也在推进过程中面临不少挑战，它们需要中国法学教育界乃至整个法学界深入思考并审慎应对，这样才能确保改革的顺利进行并促进法律职业伦理教育的进一步发展。

一、法律职业伦理教育的主要改革措施

在国家高层重视的情况下以及中国法学教育发展形势的影响下，中国已经启动一系列法律职业伦理教育改革措施。归纳起来，这些措施主要表现为以下几个方面：

1. 加大法律职业伦理在法律职业资格考试中的力度

如前所述，中共中央办公厅、国务院办公厅于 2015 年联合发布《意见》，决定建立健全国家统一法律职业资格制度，培养和发展社会主义法治工作队伍，为全面推进依法治国提供人才保障。《意见》特别对法律职业伦理教育提出三点改革要求：其一，加大法律职业伦理的考查力度，使法律职业道德成为法律职业人员入职的重要条件。其二，研究制定统一的职前培训规划，把法律职业伦理教育纳入职前培训的集中教学阶段。其三，建立全国统一的法律职业资格暂停、吊销标准，对违反宪法法律、妨害司法公正、违背职业伦理道德的获得法律职业资格人员，实行告诫或暂停、吊销法律职业资格等惩戒制度。[1]对上述改革措施，《意见》要求在2017年年底前全部落实到位。

2. 把法律职业伦理列为法学专业核心课程

2017年修订的《法律硕士专业学位研究生指导性培养方案》和2018年教育部高等学校教学指导委员会发布的《普通高等学校本科专业类教学质量国家标准》，将法律职业伦理课程纳入法学本科十门核心课程和法律硕士必修课程目录。此前的法学本科核心课程为14门，分别为法理学、宪法、中国法制史、刑法、民法、商法、知识产权法、经济法、行政法与行政诉讼法、民事诉讼法、刑事诉讼法、国际法、国际私法、国际经济法，其中没有法律职业伦理的身影。国务院学位委员会这次把法律职业伦理列入法学本科核心课程之中充分体现了国家对法律伦理教育的重视。

2018年，教育部、中央政法委联合发布《关于坚持德法兼修实施卓越法治人才教育培养计划2.0的意见》，就法律职业伦理教育问题做出两项决定：一是在高等法学院校加大学生的法律职业伦理培养力度，面向全体法学专业学生开设"法律职业伦理"必修课，实现法律职业伦理教育贯穿法治人才培养全过程。二是在高等法学院校坚持"一课双责"，各门课程既要传授专业知识，又要注重价值引领，传递向上向善的正能量。

诚然，单凭法律职业伦理这门课程并不足以将法学专业学生培养成职业伦理意识很强、有法律信仰的法律人。但是，"这一课程能让学生能够区分可以接受或不可接受的职业行为，或者至少思考一些法律职业伦理的重大问题，美国学者的统计研究也表明了这一点。"[2]法学院开设法律职

---

〔1〕 参见《中办国办印发〈意见〉，完善国家统一法律职业资格制度》，载《人民日报》2015年12月21日，第1版。

〔2〕 许身健：《认真对待法律职业伦理教育》，载《检察日报》2018年2月28日，第7版。

业伦理课程的教学目标是：首先，通过相关课程的学习，法学专业学生能够了解职业伦理的相关内容；其次，能够评估并防范伦理风险，即面对特定情况分析自身的职业行为是否具有导致违背职业伦理的风险，并对风险进行防控；最后，能够投身于公益事业，用自身的法律知识与实务经验保护公众特别是弱势群体的利益，使法学专业学生警醒法律职业的公共主义使命，避免成为只关注营销、博取利益之精致的利己主义者。[1]

3. 设立法律职业伦理二级学科并使之成为独立的法学专业

在法律职业伦理成为法学专业主干课程的基础上，全国主要法学院校开始申报法律职业伦理二级学科并使之成为独立的法学专业。在这个方面，中国政法大学走在全国法学院校的前列。2019 年，中国政法大学聚焦"法+"新兴交叉学科建设，打造中国特色法学学科体系，制定《交叉学科培育与建设计划实施办法》和《新兴学科培育与建设计划实施办法》，率先新增法律职业伦理目录外二级学科硕士点和博士点，以此提升该校的法律职业伦理教育水平。[2]据悉，中国政法大学的法律职业伦理专业已经开始招收 2019 级的硕士研究生，并将于 2020 年开始招收博士研究生。与此同时，包括西南政法大学、中国人民大学法学院和华中师范大学法学院在内的其他法学院校也开始启动增设法律职业伦理二级学科的程序。华中师范大学法学院的石先钰教授在 2019 年湖北省法学会法学教育研究会年会上发言指出，该院要在教育部法学专业核心课程采取"10+X"分类设置的模式下，高度重视把法律职业伦理设置为必修课的价值，加快推动"法律职业伦理学"设立为法学二级学科。[3]

法律职业伦理二级学科建设可以推动法律职业伦理领域的硕士研究生和博士研究生的培养，从而提高法律职业伦理的教育水平和培养高级法律职业伦理研究人才，最终实现以学科建设促进专业发展和人才培养的目

---

〔1〕 许身健：《认真对待法律职业伦理教育》，载《检察日报》2018 年 2 月 28 日，第 7 版。

〔2〕 参见中国政法大学《2019 年教代会校长工作报告》，载中国政法大学信息公开网：http://xxgk. cupl. edu. cn，最后访问时间：2019 年 11 月 30 日。

〔3〕 该发言载于华中师范大学法学院官网：http://law. ccnu. edu. cn，最后访问时间：2019 年 11 月 30 日。

标。显然，这一改革措施意味着中国的法律职业伦理教育改革开始向纵深方向发展，法律职业伦理的学科地位将会得到进一步的凸显。

二、法律职业伦理教育改革面临的挑战

上述法律职业伦理教育改革虽已取得一定的进展，但在推进过程中也面临一系列挑战。具体而言，这些挑战主要来自于传统习惯、教育模式、师资力量和教学方式四个方面。下文分别对此进行论述。

1. 来自传统习惯的挑战

改革难免遇到传统习惯的阻力。中国法学教育界一直存在实用主义的传统习惯，这一点在法律职业伦理教育问题上表现得尤为突出。具体而言，较之于民法、商法、刑法、诉讼法、经济法、劳动法和国际经济法等"有用"的课程，法律职业伦理往往被视为"没什么用"的课程。正因为如此，法律职业伦理难以受到应有的重视——学生不重视学，教师不重视教，在教学资源配置上也处于相对弱势的地位。

在这种传统习惯的影响下，目前仍有一些法学院校，特别是理工科院校的法学院，没有把法律职业伦理开设为必修课。同时，在业已把法律职业伦理列为必修课程的法学院校，该门课程在学分和课时的配置上较少——学分大多为1~2个学分，课时为18或36课时，比一般的法学主干课（4学分、72课时）要少得多。不仅如此，按照有关机构的统计（如表1所示），法律职业伦理（即司法制度与法律职业道德科目）在2018年的法律职业资格考试中的分值与在2016年司法考试中的分值相当，只占8分，远低于刑法（35分）和法理学（15分），仅高于中国法制史（4分），这显然与《意见》关于"加大法律职业伦理的考查力度"的要求相去甚远。

表 1　法律职业伦理在 2018 年国家法律职业资格考试中的分值占比[1]

试　卷	科　目	客观题	主观题
客观题考试试卷一	刑法	35	30
	刑事诉讼法	32	30
	行政法与行政诉讼法	22	28（选做）
	宪法学	20	0
	法理学	15	0
	中国特色社会主义法治理论	10	38
	司法制度与法律职业道德	8	0
	中国法制史	4	0
	国际法	4	0

2. 来自教育模式的挑战

法律职业伦理在属性上偏重于职业教育而非通识教育，这一点可以从"法律职业伦理"中的"职业"一词中得到简明的阐释。但是，中国目前的法学教育仍然实行通识教育模式，职业教育模式远未建立。相对于职业教育模式，通识教育模式强调学生对法律知识和法学理论的掌握，却忽视学生的法律职业技能训练和法律职业伦理培养，这对法律职业伦理教育改革构成更深层次的挑战。[2]

通识教育的一个标志就是，非法学专业的学生可以参加法律职业资格考试，也可以选择从事法律职业，而许多法学专业学生在毕业后并不选择法律职业，甚至也不参加法律职业资格考试，从而造成法学教育资源浪费。在通识教育模式下，即使没有接受法律职业伦理教育，也不影响法学专业学生毕业和获得法学专业学位。在法律职业伦理成为法学专业必修课之前，法学专业学生完全可以不用选修法律职业伦理课程。在法律职业伦

---

〔1〕　数据来源：中公教育机构官网，http://www.offcn.com，最后访问时间：2019 年 11 月 30 日。

〔2〕　王德新：《我国应探索新型法学教育模式》，载《民主与法制时报》2017 年 12 月 14 日，第 5 版。

理成为必修课程以后，尽管法学专业的学生必须选修这门课程，但对于那些进入法律职业的非法学专业学生而言，由于其所就读的学校要么是非法学院校，要么是法学院校的非法学专业，因而在很大程度上并没有修读这门课程的机会。显然，在这种培养模式下，法律职业伦理教育改革在具体实施中存在一个难以弥补的漏洞。

3. 来自师资力量的挑战

师资力量是法律职业伦理教育的基础要素，也是法律职业伦理教育改革的落实主体和推动力量。从目前来看，法律职业伦理教育改革在师资力量上面临的挑战主要表现在专业背景杂乱以及师生比例失衡两个方面。

从专业背景来看，目前的法律职业伦理师资来源复杂。以中国政法大学为例，该校虽然成立了专门的法律职业伦理研究所，但其中的教师专业背景既有法理学专业的，也有诉讼法专业的；有的教师虽然讲授法律职业伦理，但以公证法和体育法为研究志趣。其他院校大多没有成立专门的法律职业伦理教研机构，授课师资由不同的教研室或研究所负责讲授。例如，中南大学法学院和首都师范大学政法学院把法律职业伦理视为哲学伦理学的一个分支，由哲学、伦理学的教师讲授。再如，湖南工商大学法学与公共管理学院、北京师范大学珠海分校法律与行政学院分别将法律职业伦理视为思想政治理论或政治学的组成部分，由马克思主义理论或政治学教师讲授。这种局面容易导致的一个问题就是，各个授课教师对法律职业伦理的理解差异非常大，讲授的内容和侧重点大相径庭，使学生无所适从。

从师生比例来看，近年来法学专业学生人数上升是众所周知的事实，但全国法学院校的法律职业伦理师资人数则普遍偏少。据笔者调查了解，目前中南大学法学院、浙江大学光华法学院、上海交通大学凯原法学院、中山大学法学院、湖南工商大学法学与公共管理学院、北京师范大学珠海分校法律与行政学院的法律职业伦理师资分别为 2 人、2 人、1 人、1 人、1 人、1 人。[1] 即使在情况较好的中国政法大学和中国人民大学，两校的法律职业伦理课程本科师生比例也不容乐观。以 2019 年为例，两校的法律

---

[1]　数据来源于作者对各校教务处的电话调研。

职业伦理本科师生比例分别为 10/1245＝1/124.5、3/140＝1/46.7，即使不计入法律硕士的数量，二者的比例与教育部《本科教学评估指标体系》规定的数值也存在极大的悬殊（如图 1 所示）。显然，在师生比例失衡的情况下，一般只能采取大班授课的形式，而如果采取大班讲授的形式，则很难取得最佳的教学效果。

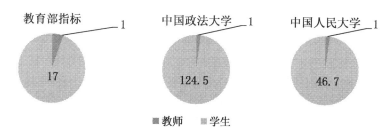

图 1 中国政法大学和中国人民大学 2019 年法律职业伦理课程师生比例[1]

4. 来自教学方式的挑战

教学方式决定教育改革的最终效果，落后的教学方式对法律职业伦理教育改革构成技术层面的挑战。然而，长期以来，法律职业伦理的教学方式一直处于相对落后的状态。至少，就笔者所知，其他法学课程一直在探索讨论教学法、演练教学法、案例教学法、诊所教学法或多种教学方式的结合运用，但法律职业伦理课程仍旧处于传统的课堂灌输法，缺乏相应的教学方式改革表现或动力。

传统的课堂灌输法简单易行，在知识传授方面的确具有一定优势，但长期一成不变地运用这种教学方式容易带来以下几个方面的问题：其一，难以激发学生对法律职业伦理问题的思考。在这种教学方式下，教师往往强调对法律职业伦理知识和法律职业伦理规范条文的单向讲解而忽视学生的主观能动性，学生难以得到思考的时间、机会和动力。其二，难以激发学生对法律职业伦理学习的兴趣。在这种教学方式下，教师往往忽视对学生进行法律职业伦理问题的启发，甚至把法律职业伦理作为一种道德说

---

〔1〕 数据来源于作者对两校招生办公室的电话调研。教育部的师生比例指标取中间值 1/17。图表中的学生人数为两校在 2019 年各自招收的法学本科生，分别为 1245 人和 140 人。

教，一味对学生进行"填鸭"式的灌输教育，容易使学生对法律职业伦理教育产生反感。其三，缺乏互动。在这种教学方式下，教师和学生之间表现为支配和被支配、影响或被影响的关系，教师在台上讲，学生在台下记，很难激发学生对课堂的参与热情，致使课堂气氛比较沉闷。

三、应对上述挑战的几点设想

针对法律职业伦理教育改革面临的上述挑战，可以设想从以下几个方面解决问题：

1. 在观念上提高对法律职业伦理教育重要性的认识

高等法学院校最主要的任务就是培养合格的法律人才。如果高等法学院校培养出来的"法律人才"仅有丰富的法律知识和娴熟的法律技能而不具备应有的法律职业伦理，很难称得上是合格的法律人才。因此，作为法学教育的提供者和法律职业伦理教育改革的实施者，高等法学院校理应重视法律职业伦理教育。

法学教师既是法律职业者，更是培养法律职业者的传道授业者，不但要在观念上重视法律职业伦理教育，而且要在教学活动乃至日常生活中重视，并藉此对学生进行法律职业伦理的言传身教。对于法学教师中专门从事法律职业伦理教学的教师来说，应当以从事法律职业伦理教学工作为荣，深入研究法律职业伦理相关理论，积极探索新的、适合于法律职业伦理教育的教学模式。对于从事其他专业课教学的法学教师来说，也应该尽可能在教学过程中融入法律职业伦理知识，或尽可能从法律职业伦理角度教授法律专业知识。

此外，法律职业资格考试的主管部门和律师协会、人民法院以及人民检察院等用人单位也要重视法律职业伦理教育，提高法律职业伦理在考试或招录中的权重，这样不仅可以更好地保证所录用的法学人才的职业伦理素养，而且可以对法学院校形成一定的倒逼机制，从而促进法律职业伦理教育改革的落实。

2. 转变教育模式

如前所述，在通识法学教育模式下，法律职业伦理教育存在两个漏洞：一是法学专业学生即使没有接受法律职业伦理教育，也不影响其毕业和获得法学专业学位；二是非法学专业学生在校期间基本没有机会修学法律职业伦理，只要参加法律职业资格考试就可以加入法律职业队伍。这两个漏洞的解决都有赖于法学教育模式的转变——从法学通识教育模式过渡到法律职业教育模式。

为了实现法学教育模式的转变，至少需要完成两个次级层面的转变任务：一是规则的转变，即制定适合于法律职业教育的相关规则。在这个方面，可以参考美国的成功经验，逐步在未来的中国法学教育中植入以下几点要求：其一，只有通过法律职业资格考试，才能加入法律职业队伍；其二，只有法学专业学生才能参加法律职业资格考试，非法学专业学生不能参加该考试；其三，法律职业伦理不仅是法律职业资格考试的必考内容，而且可以在将来条件成熟时借鉴美国的 MPRE，单独考试。[1] 其四，法学院校不仅要开设法律职业伦理作为必修课程，学生也必须修满一定的法律职业伦理课程学分才能申请毕业。二是方向的转变，即调整适合于法律职业教育的办学方向。按照《关于坚持德法兼修实施卓越法治人才教育培养计划 2.0 的意见》的要求，就是要着力强化法学专业知识教育，将中国法治实践的最新经验和生动案例、中国特色社会主义法治理论研究的最新成果引入课堂、写进教材，及时转化为教学资源。要着力强化实践教学，进一步提高法学专业实践教学学分比例，支持学生参与法律援助、自主创业等活动，积极探索实践教学的方式方法，切实提高实践教学的质量和效果。要着力推动建立法治实务部门接收法学专业学生实习、法学专业学生担任实习法官检察官助理等制度，将接收和指导学生实习作为法治实务部门的职责。

上述转变实现以后，由于法律职业伦理教育漏洞问题得到解决，高等法学院校可以在最佳程度上兼顾和平衡法学教育的三大基本任务——法律知识的掌握、法律职业技能的训练和法律职业伦理的培养，从而实现"德

---

〔1〕 该考试始于 20 世纪 70 年代，名为"多州法律职业责任联试（The Multistate Professional Responsibility Exam"，由美国律师资格考试委员会（National Conference of Bar Examiners）主办。考试条件和相关内容可参见其官网：http://www.ncbex.org.

才兼备"和"培养卓越法治人才"的双重目标。

3. 加强师资建设

师资建设始终是高等院校最基本、最重要的问题,是提高教学质量、实现教育目标的关键要素之一。在高等法学院校,法律职业伦理教育的师资建设同样如此。没有高素质师资队伍的支撑,也就谈不上高水准的法律职业伦理教育。从目前来看,中国法律职业伦理教育的师资建设仍停留于拆东墙补西墙的状态,把法理学、法律史学、诉讼法学或哲学、伦理学等传统专业学科中的"富余"教师从本专业抽调出来补充法律职业伦理教育的师资缺口。但是,这种权宜之计是不可持续的。

在现行法学教育体制下,最为有效地加强法律职业伦理师资建设的办法就是设立法律职业伦理二级专业学科。通过设立这一学科,不仅可以强化现有法律职业伦理师资在法律职业伦理教育方面的专业认同感、"身份"归宿感,而且可以吸引更多法学人才加入法律职业伦理教育事业,从而壮大法律职业伦理教育的师资力量。当然,设立法律职业伦理二级学科并非一蹴而就的事情。在此之前,可以由教育主管部门对有志于从事法律职业伦理教育的师资进行培训,藉此在短期内充实法律职业伦理教学所需的师资力量。在具体操作上,可以分为两种途径:一是集中培训。由法律职业伦理师资欠缺的法学院校选拔教师参加,组织一些在法律职业伦理教育方面业已积累丰富经验的学者提供授课;二是个别培训。采取访问学者的形式,由法律职业伦理师资欠缺的法学院校选拔教师到那些业已积累丰富经验的法学院校学习。除此之外,高等法学院校和主管部门还需要做好其他一些相关工作。例如,建立合理的激励机制,鼓励教师投身法律职业伦理的教学和科研;促进法律职业伦理的学术交流,提高现有师资队伍的专业水准;注重高校间与国家间的交流学习,拓展现有师资队伍的专业视野;等等。

4. 优化教学方式

法律职业伦理不但具有很强的理论性,而且具有很强的实践性。这种实践性不仅表现为现实中的诸多案例,而且表现为它在法律实践中的具体运用。既然如此,教师就不应仅仅局限于在传统课堂中对法律职业伦理知识进行灌输式的讲授，而应充分利用多种实践教学途径提高学生的学习兴趣和课程的教学效果。此在以案例研讨法和诊所教育法予以简要说明：

案例研讨方法一般包含六个环节，即确定主题、选择案例、案例研习、个人发言、相互讨论以及总结提升。其中，案例选择是案例研讨的重要一环，好的案例可以对法律职业伦理教育起到事半功倍的作用。对此，教师应当注重选择具有趣味性和代表性的法律职业伦理案例进行演练。以"律师对客户的保密义务"这一主题为例，教师可以美国的"快乐湖谋杀案"〔1〕为例组织学生研讨，让学生在熟悉案件的基础上发表个人意见。学生发表意见的过程就是"头脑风暴"〔2〕的过程，它不但可以为进一步的相互讨论提供丰富的素材，而且能够活跃课堂气氛。教师也可以参与讨论，并可以围绕主题适时提出问题，有针对性的提问不但可以激发学生的思考，而且能够增强课堂的互动性。例如，教师可以结合本案提出以下问题供学生思考和讨论：律师在调查该案过程中得知嫌犯先前还犯有另外一桩命案，而控方对此完全不知情，是否应该把这个信息告诉控方？如果告诉控方，是否意味着违反对嫌犯的职业伦理义务？中国对此有无职业伦理规范？中美在这个问题上有何职业伦理观念差异？这些问题不仅可以启发学生思考，而且可以在一定程度上起到总结提升的作用。当然，在案例选择方面，法律职业伦理教学不一定都用国外的案例，国内的法律职业伦理案例也很多，各地司法行政部门以及律师协会每年都会公布一些违规案件，它们都是鲜活的教学素材。

---

〔1〕 1973 年夏天，美国两名律师法兰西斯·贝尔格（Francis Belge）和富兰克·阿玛尼（Frank Armani）共同为被告罗伯特·格鲁（Robert Garrow）出庭辩护。格鲁被指控在露营中谋杀了菲力普·敦布普斯基（Philip Domblewski）并将其尸体埋于树下。在同律师的会面中，罗伯特·格鲁除了承认杀害敦布普斯基之外，还承认犯有另外三起命案。两名律师根据格鲁提供的地点找到了其中一具尸体，但他们决定为其保守这一秘密，没有向任何人提起。直到格鲁最终在法庭上承认另外犯有三起谋杀案时，两名律师才公开承认格鲁早已向其透露过三起谋杀案的情况。贝尔格和阿玛尼后被起诉到纽约联邦地区法院，但联邦上诉法院认为律师在职业伦理上对当事人负有的保密义务是律师制度的基石，因而最终判决两名律师无罪。该案详细案情参见 People v. Belge（1975）50 App. Div. 2d 1088（376 N. Y. S. 2d 771）。

〔2〕 头脑风暴（Brain-storming）是由美国创造学家上 A. F. 奥斯本提出的一种激发集体智慧和提出创新设想的思维方法。在头脑风暴中，每一个人都被鼓励就某一具体问题及其解决办法，畅所欲言，提供己见，从而产生尽可能多的观点。

除了案例研讨法，在现有的诸多法律职业伦理教学方式中，诊所教育法更为值得关注和运用。法律诊所是一种实践性的、体验式的教学方式，同时也是一门法学实践教育的课程和高等法学院校师生实施法律援助的平台。学生在法律诊所接待当事人和处理实际案件过程中会遇到诸多职业伦理问题。比如，如何尽到对当事人的勤勉义务？如何做到以当事人诉求为中心？如何妥善保管当事人提交的各种材料？如何倾听和甄别当事人的意见？如何站在当事人的立场思考问题？这些问题都需要学生深入思考和审慎权衡，进而做出选择，而这种基于自身实践而进行的思考、权衡和选择恰是在课堂中无法学习和体验的。

四、结语

法律职业伦理教育改革是一项复杂的系统工程，上述挑战绝非少数法学院校或法学教师可以应对，也绝非哪个部门可以通过简单发布一个改革文件就可以一劳永逸地解决。相反，它需要相关的决策机构、教育主管部门、法律职业资格考试主管部门、法学院校和实务部门分工合作，共同推进。

按照现行法学教育管理体制，相关机构应当在各自职责分工的范围内做好法律职业伦理教育改革的份内之事：①在决策机构层面上，中共中央办公厅、国务院办公厅、中央政法委可以在文件发布以后进一步跟踪和收集相关反馈信息，以此指导法律职业伦理教育改革的宏观政策制定，确保法律职业伦理教育符合中国特色社会主义法治的指导思想。②作为主管部门，教育部可以适当放宽高等法学院校法律职业伦理二级学科（硕士点或博士点）的审批条件，其所属高等学校法学学科教学指导委员会负责对法学院校的法律职业伦理教学情况进行指导和评估。③作为法律职业资格考试主管部门，司法部可以制定在法律职业资格考试中对法律职业伦理知识进行考查的政策，其所属法律职业资格考试委员会负责为法律职业伦理考查制定大纲并决定法律职业伦理知识在法律职业资格考试中的题型、分值、占比以及卷面分布。④作为法律职业伦理教育的具体实施机构，高等法学院校可以重点关注和思考法律职业伦理教育改革的具体实施措施：是否开设、如何开设以及开设多少法律职业伦理课程；法律职业伦理学科的师资建设、教学管理、教材的编写和选用；法律职业伦理课程课时、学分以及考核方式。今后，在设有法律职业伦理二级学科的法学院校，该专业学生的在校管理以及就业指导也属于法学院校的职责范围。⑤在实务层面上，全国律协、最高人民法院和最高人民检察院可以发布法学院校毕业生的就业导向和用人标准；省级律师协会、高级人民法院和省级人民检察院有权决定在职前培训和入职面试中是否加入法律职业伦理的内容以及——如果加入的话——它的评价方式和权重占比。

在明确职责分工的基础上，上述机构或部门也需要弥合一些衔接上的不足。比如，作为法律职业伦理教育的具体实施者，法学院校在法律职业伦理的课程设置和教学评估上要遵从教育部的指令和标准，在法律职业伦理的考试上则要服从司法部的意志，但司法部和教育部之间对此并没有常态化的联系。同时，中共中央办公厅、国务院办公厅、教育部和中央政法委的发文——无论《意见》还是《关于坚持德法兼修实施卓越法治人才教育培养计划 2.0 的意见》，主要是针对在校教育这一领域，对实务部门的招录面试考查则没有直接要求。更为关键的是，作为学生毕业一大去向的律师行业，全国律协既不能对法学院校的法律职业伦理教育情况进行评估，也不能为法律职业资格考试制定针对法律职业伦理的标准。在这种情况下，如果法学院校花大力气推进法律职业伦理教育，而用人单位在招录面试时又不注重这个方面的考查，学生怎能真正重视法律职业伦理的在校教育！

综上，除要思考和应对各种现实挑战之外，还需要把实务部门纳入法律职业伦理教育体系，以进一步优化现行的法律职业伦理教育机制。

法经济学基础学科拔尖人才培养探索

——基于中国政法大学商学院的考察[*]

熊金武　程碧波　黄立君　刘婷文^{**}

　　基础学科是国家创新发展的源泉、先导和后盾，是中国经济从高速度增长到高质量增长转型的保障。所以，培养基础学科拔尖人才是高等教育强国建设的重大战略任务。本科拔尖人才培养是"双一流"建设的着力点，也是以本为本提高本科教学质量的抓手。基础学科拔尖人才培养计划在我国重点高校启动实施，并取得较好效果，并且形成了不同培养模式。[1]经济学基础学科拔尖人才培养目前在上海财经大学、武汉大学、北京大学、中国人民大学等学校已经有诸多探索。[2]中国政法大学基础人才培养模式创新的重要突破口就在理论经济学人才培养，需要深入研究和规划设计。

　　作为以法学为优势学科的教育部直属重点大学，中国政法大学在推进国家治理体系和治理能力现代化中承担着特殊的重大教育使命。1986年时任全国人大常委会委员长彭真同志为中国政法

---

　　* 项目：北京市教育科学"十三五"规划2020年度课题一般项目《本科生双导师制人才培养模式创新研究》（批准号：CEDB2020161），中国政法大学研究生教学改革项目《中华优秀传统文化融入经济学教学研究》。

　　** 熊金武，程碧波，黄立君，刘婷文，中国政法大学商学院副教授。

〔1〕 赵菊珊、黄建军：《基础学科拔尖人才培养模式类型的理论探讨：基于知识与环境的视角》，载《中国大学教学》2017年第4期。

〔2〕 王军、贺娜：《理论经济学研究生拔尖创新人才培养模式的再认识》，载《管理观察》2019年第22期。

大学题词"为社会主义现代化事业培养更多的法学和应用经济学人才"。这对中国政法大学培养法经济学人才提出了要求。2017 年 5 月 3 日习近平同志在中国政法大学考察时勉励法大师生要"立德树人，德法兼修，培养大批高素质法治人才"。在法科强校背景下，建设经济学基础学科拔尖人才基地需要致力于法经济学拔尖人才培养。

法经济学拔尖创新人才是理论经济学研究和实践领域具有充分的独立性、高端性和创新性的专业人才。经济学基础学科拔尖人才培养基地，依托中国政法大学商学院。中国政法大学商学院致力于在一主两翼框架下进行"入主流、创特色"的学科建设，打造法经济学基础学科拔尖人才基地。同时，商学院整合全校各院系力量全力建设，尝试在原有"法商型人才培养模式创新实验区"基础上提升，打造法经济学拔尖人才培养基地升级版。涉及专业为经济学，具体包括以法经济学研究为特色的经济学专业和以经济学与数学融合的经济学（成思危现代金融菁英班）。

一、经济学专业基本情况

中国政法大学经济学专业学术积淀追溯到 1952 年建校之初，1979 年政治经济学专业开始招收硕士生。1983 年获得政治经济学专业硕士学位授予权。2002 年起，商学院开始在全国范围内招收经济学专业的本科生，2011 年试办"成思危现代金融菁英班"。2017 年获得理论经济学一级学科博士点，2019 年获批理论经济学博士后流动站。

（一）法商型人才培养模式创新实验区建设

2007 年教育部在中国政法大学商学院设立了国家级人才培养模式创新实验区建设项目"法商型人才培养模式创新实验区"。"基地"建设纳入 985 创新平台建设项目中，在学科建设、师资队伍、人才培养、教育教学改革等方面进行了一系列改革和创新，以"基地"建设为目标的经济学课程体系改革。[1] 基地以培养专家学者型人才、企业家型人才和党政领导型

---

〔1〕 石亚军：《科学谋划积极提升协同创新能力，狠抓落实全面提高法学教育质量》，载《法学教育研究》2013 年第 1 期。

人才为目标，以研究型教学为育人理念，通过以学生为中心和老师为主导相结合、人文教育和专业教育相结合、理论教学与问题研究相结合，来建设法商型人才培养模式创新实验区。

2017 年商学院作为中国政法大学教学改革创新试点单位，以"一主两翼，融合创新，培养社会需要的复合型人才"为办学理念，明确提出了以经济学为主导的发展模式。经济学专业是中国政法大学商学院"一主两翼"办学理念下重点发展的主导专业。"成思危现代金融菁英班"是中国政法大学与中国科学院大学联合的科教协同育人项目，以智能计算和大数据分析的计算金融为主要工具，研究资本金融领域的法金融，培养复合型、应用型、创新型、国际通用型高级金融专门人才，采用"经济学—数学双学位"的协同育人机制，开展经济学人才培养模式创新实验。

经济学专业年招生 90 人，其中"成思危现代金融菁英班"50 人。目前在校本科生为 346 名，"成思危现代金融菁英班"截至目前招收了 8 届，共 379 名学生。现有专职教师 36 人，具有博士学位的教师占比为 95%，大多数老师具有国际交流经历。在师资队伍建设上，一直秉持"以培养方案定师资"和"注重存量，开拓增量"的原则。为进一步完善师资队伍，将继续通过外部引进国内外优秀博士和内部培养相结合的方式，打造一流高水平的师资队伍，立足于培养和汇聚一批具有国际领先水平的学科带头人、具有创新能力的青年学术带头人和学术骨干，从而带动全院队伍的整体水平提升。

（二）经济学专业发展方向

经济学专业积极发挥学科融合优势，注重经济学与法学、金融学、管理学的交叉融合，并激励和引导扎根中国大地、运用国际范式做好原创研究、讲好中国故事，搭建多层次的学术交流平台。

一是继续深化以多学科融合为核心的培养方案和教学大纲。经济学专业突破单纯的专业视域和知识视域，为学生提供能够帮助其形成基本的人文修养、思想视野和精神感悟的课程。根据学校和商学院的学科特点，人才培养目标是把学生培养成为复合型、应用型、创新型、国际通用型人才。[1]此外，要采取有效的措施确保一批优秀的教师和学术带头人担任课程教学与学生科研指导工作；发挥中国政法大学的学科优势，鼓励成立跨院系、跨学科的课程教学组和导师指导组，在学科的交叉与融合中加强对学生的综合性培养。

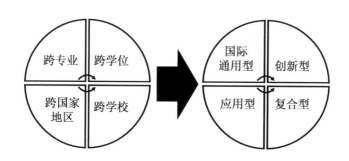

图1 人才培养和教育总目标

二是开展多种形式的教学实践。除了课堂教学之外，还要探索实验室教学、企业实践的教学体系的研究与设计，实现从侧重"传授知识"，到重"发展素质"；从"以教为主"到"以学为主、教学相长、实践促进、理论与实践相结合"的整个教学课程体系的转变。

三是通过课程结构调整、教学内容更新、教学方法的改进与创新提高教学质量。根据专业特征，要加强启发式、讨论式和实践式等教学方法的应用；根据"用厚重的理论基础回应重大的现实问题"的学科要求，学院要求前沿课程每两年对教学内容进行更新，对课程结构进行调整，以反映不断变化的经济、企业发展现状；引导学生主动学习知识，发现问题，增强学生自主研究与实践的能力；鼓励学生大胆实践，勇于开拓，培养学生探索创新的优秀管理者本质。推进超星学习通在课堂教学中的使用，打破了传统的思维教学模式，构建混合式学习模式构建，突出以学生为中心，积极调动学生的学习主动性和自觉性。

四是对学生接受思想政治教育、参加社会公益劳动与志愿服务及社会

---

[1] 卢春龙：《"四型人才"导向的"四跨"——中国政法大学法治人才培养新模式》，载《政法论坛》2019年第2期。

实践的要求，以及结合国家德育新体系建设的精神，要求本科生要参加第二课堂，并进行了具体量化，要求每名学生大一和大二的每一学期要参加不少于4次的第二课堂课程。坚持立德树人、德法兼修，强化政治经济学教育，开设《资本论选读》《政治经济学》《习近平新时代中国特色社会主义思想与当代中国》等课程。

二、法经济学拔尖人才培养基地机制设计

经济学拔尖人才培养需要在原有法商型人才培养模式创新实验区基础上，学习和借鉴世界先进经济学教学理念的教学方法，实现与国际一流经济学教学接轨，开设国际一流的经济学课程，强化国内外学术交流和人才培养合作，面向未来社会经济变迁，深挖历史文化内涵，适应新时代变迁，强化学生思想政治教育，树立扎根祖国的情怀，真正培养了解国情，具有家国情怀的做出重大原创突破的经济学人才。

以"立德树人，德法兼修"为指导思想，根据素质教育和通才培养要求，坚持"三全育人"，大力加强经济学基础理论的教学与研究，通过课程体系的改革与创新、教学方法和手段的改进等着力培养学生坚实的理论基础、合理的知识结构、开阔的理论视野和规范的技能方法，逐步形成一套系统完整、符合时代需要的、国际化创新型本科人才培养模式，使学生成为知识、能力、素质三位一体协调发展的具有自我学习能力、自我更新能力、创新能力的"复合型、外向型、创新型"人才，始终以培养未来具有国际水平的经济学家为培养目标，采用以学生为中心的人才培养模式，在注重"素质"的基础上突出"拔尖"和"创新"的目标。拔尖人才培养的最基本的理念："学术无界，问难见理"。为了更好培养拔尖人才，尝试做出以下的规划和设计。

（一）培养机制设计

1. 书院制

书院制是顺应高等教育发展趋势、开展通识教育的有效载体，是学生教育管理模式创新的现实需要。书院核心功能涵盖通识教育、导师制和社区育人，为人才培养模式改革的统筹管理、资源调配、教育方案的执行搭建平台，集中解决改革中出现的困难、问题，开展教学研究，及时反映改革成果等。书院作为专用教学场所，搭建国际化、开放式交流平台，营造浓厚学术氛围。书院采用"X+Y"的分阶段教育模式，其中在人才培养的前期 X 阶段重视对学科基础的培养。[1]

2. 导师制

加强导师引领，聘请校内外知名学者和业界巨擘分别担任学术导师和实践导师，构建导师与学生之间的 2 对 1 的师徒关系，形成学术导师、实践导师和辅导员"三位一体"的育人机制。聘请著名经济学家、企业家和行政领导担任首席教授、首席实践导师。实行首席教授负责制，首席教授全面负责学生培养和项目管理工作。邀请知名学者、优秀教师和社会杰出人士担任学生导师，聘请相关领域具有国际影响的学者对计划实施进行指导。

3. 推动科研型教学和融合育人

实施学生科研竞赛和科研项目资助计划，学生暑期学术旅行和社会实践计划。搭建高端开放式交流平台，组织学生参加学术活动，建立学习者"社区"和科学研究"乐园"，激发学生的学术兴趣和学术理想。在有限的校园内专门辟出空间，作为特色人才培养基地，建立学校层面交流平台，促进学科交叉、学术交流。举办大量高水平学术讲座和前沿课程，定期邀请国际知名者前来举行讲座，举办各种形式的论文竞赛，创造条件让学生参与各种高质量科研活动，锤炼学生科研能力，培养学生的问题意识和创新意识，训练学生发现问题、研究和解决问题的能力。

推动学科交叉融合育人。第一，经济学专业内部融合，强化以马克思主义政治经济学为主、融合计量经济学代表的西方经济学培养机制，突出经济史和经济思想史等历史厚重感，[2]形成"理论+统计+历史"的三位一体的经济学培养体系。第二，经济学与数学（信息与计算科学）双学位

---

〔1〕　郭俊：《书院制教育模式的兴起及其发展思考》，载《高等教育研究》2013 年第 8 期。

〔2〕　熊金武：《中华优秀传统文化教育与经济学教学融合研究——基于量化历史研究领域的经验》，载曹义孙主编：《中国政法大学教育文选》（第 22 辑），中国政法大学出版社 2017 年版，第 96~106 页。

培养。面对人工智能和大数据等代表的新科技变革，经济学与数学双学位培养集中体现为信息与计算科学与经济学的融合。第三，经济学与法学交叉融合。经济学与法学具有天生的相关性，基于中国政法大学法学优势学科，有利于培养符合法治经济需要的法经济学人才。

4. 创新学习方式，强化思想政治教育

以促进学生全面发展为依归，不仅注重老师教得好，而且注重学生学得好，激发学生的学习兴趣和潜能，培养学生自主学习、终身学习的能力。以健全人格教育观为统领，将学生培养成为品德优良、学识丰富、能力卓越、智慧不凡、身心健康的人格健全的人。增加第二课堂，设立本科生全员导师制度，组织本科生学术沙龙和 workshop，促进杰出教师与学生面对面的交流，提高学习时效，激发学生的研究兴趣和学术灵感。组织师生读书会，经常要求学生阅读相关领域的国际前沿文献，了解学术前沿动态。建立由教师指导，学生自发组织的课外研究小组，撰写学术论文和参与学术课题，鼓励学生发挥创造力，进行观点碰撞。

不断增强师生思想政治工作的实效性，夯实"德法兼修"的思想根基。改革培养模式和培养方案。[1]实施因材施教，针对学生的特长和发展方向制订和实施个性化培养方案，为学生的充分发展提供充分选择，鼓励学生表现特长、发展潜质，追求卓越。各学科设置核心课程体系，聘请国内外优秀授课教师，力求小班化和多样化，创新教学方式方法，开展研究型教学与研究性学习。拔尖人才往往需要拥有更多的课程选择自由度，以满足他们充分发掘自己学术兴趣与思维创造性的需求。贯彻因材施教、个性化培养原则，要瞄准国际基础学科拔尖人才培养的大目标，并根据学生的兴趣与特点制订培养计划和开展教学工作。

坚持立德树人，倡导中国道路。加强学科交叉融合，促进中西融汇、古今贯通、文理渗透。既立足国内，熟悉国情，又有全球化视野，具有厚重感，能自由游走在中西两个文化平台，并能灵活运用所学理论解决重大

---

〔1〕 胡明：《创新法学教育模式培养德法兼修的高素质法治人才》，载《中国高等教育》2018年第 9 期。

现实问题并具有创新精神的未来经济学大师的后备人才。加强思想政治教育和素质教育，[1]培育爱国主义、科学道德、批判精神和创新精神等。

（二）管理机制设计

坚持"以本为本"，牢固树立以人才培养为中心的理念，全方位体现拔尖人才培养的使命，把思想政治工作贯穿于本科教育教学的全过程。坚持专业教育与通识教育融合，不断深化"有灵魂的通识教育"改革。

1. 人才选拔机制

探索大类招生、大类培养、通专融合、书院育人，以"学生为本、通识为基、融合一体、创新开放"为核心理念。通过完善招生体制、建设优秀生源基地、创新招生模式，提高生源质量。第一，完善招生体制，构建招生委员会。第二，优秀生源基地建设。充分挖掘招生领导小组和宣传小组的人脉关系，找寻一流重点中学，建设一流基地，联系各地优秀高级中学，签订"优秀生源基地"协议，完成授牌工作。第三，构建大类招生机制，实现基地内人才培养进出流动。人才培养目标着眼于顶尖人才、领军人物和未来领导，而这个任务单靠本科教育完不成，只能在包括本科生和研究生在内的完整的大学教育中完成。选拔较高比例优秀本科生免试直升硕士生，培养高精尖的经济学基础人才。[2]

2. 拔尖人才评价机制

首先建立拔尖人才评价机制，以确定拔尖人才培养方向，按照这个目标选拔和培养拔尖人才，然后围绕此评价机制建设拔尖人才培养基地，是较为可行的方式。贯彻"学术无界，问难见理"的理念，不预设学术立场，不预设学术边界，以学术思辨为重点，建立以学术问难质证为主的拔尖人才评价机制。重点构建校内外专家组成的评价团队，建立学术评价时拔尖人才与专家团队的对等问难质证程序，包括现场问难质证程序和网络问难质证程序，对拔尖人才的科研成果通过严格的问难质证结果来进行评价。传统书院真正的精髓在于其问难制度。正因为问难制度，书院才是拔

〔1〕 张澍军：《论思想政治教育的历史定位与运行特征》，载《教育研究》2015 年第 4 期。

〔2〕 田国强：《经济学拔尖创新人才培养模式的理念与实践——以上海财经大学为例》，载《高等教育评论》2017 年第 2 期。

尖学生培养的最好场所。书院将探索问难制度作为考核机制。

3. 教育质量保障和质量改进机制

基于学校"以本为本""课比天大"的大学共识和大学文化，牢固确立了本科教育在人才培养中的基础地位。[1]初步打造完成了以学生为中心、以质量提升为导向、持续改进追求卓越的质量保障体系。首先，坚持"课比天大"。学校教育教学工作应当围绕课、服务课、支撑课、保障课，在科学建课、认真备课、专心讲课、积极听课、公正评课、规范管课等人才培养环节，牢牢坚守"课比天大"的价值定位。其次，坚持质量兴校理念，完善质量评价保障体系。把人才培养水平和质量作为评价本科专业的首要指标，突出学生中心、结果导向、持续改进，将质量文化内化为师生的共同价值追求和自觉行为，形成以提升人才培养水平为核心的质量文化。加强质量评估中心建设，完善质量保障体系。最后，学风建设平台类课程。"雁阵计划"是学生学习交流，以及学业辅导的重要平台。秉持"个性化培养"和"团队教育"相结合的人才培养理念，活动形式包括举办英才学生访谈、双专业双学位微信讲座、我的缤纷大学生活——大学生学习生活规划指导、雁阵学风建设成果展示暨优秀头雁表彰大会、选课指导与期末备考专场等雁阵团体系列活动。

三、打造法经济学拔尖人才培养基地特色

在全面依法治国的背景下发展中国特色社会主义市场经济，需要坚持法律与经济相结合，理论与实践相结合，中国国情和国际规范相结合。经济学专业充分依托中国政法大学雄厚的法学资源，秉承"一主两翼，融合创新，培养社会需要的复合型人才"的办学理念，强调关注现实问题、回应现实需求，致力于经济学与法学的跨学科、跨专业人才培养模式创新，着力培养具备扎实经济学理论基础，熟练掌握数理经济学分析方法和工具，懂法律，了解中国国情，具有国际视野与人文情怀，宽口径、厚基

---

[1]　黄进：《世界一流大学建设与一流本科教学的创新——中国政法大学的理念与实践》，载《中国高教研究》2016年第6期。

础、强能力的高素质、综合型经济学专门人才，力求成为国内一流、国际上有一定影响力的法经济学拔尖人才培养基地。

（一）法经济学特色

现代市场经济核心就是法治经济，第四次科技革命更需要掌握法经济融合知识的人才。在中美贸易战背景下，中国经济是全人类最重要的经济事件之一，中国需要参与国际经济体系规则的拟定，而这离不开法学知识，离不开面向国际化的法经济学人才培养。法与经济学两个学科具有天然的融合性，一个负责规则制定，一个负责创新和规则执行。同时，在探索构建中国特色社会主义经济体系的时候，中国改革开放四十余年的实践证明，需要融入法学在内的政治经济学视野才可能构建一个具有中国特色、中国风格、中国气派的经济学理论体系，从而为中国经济研究构建一个逻辑一致性的理论平台，引领中国经济学研究的方向。

商学院较早在本科层次推广法经济学教育。中国政法大学比中国法经济学研究重镇更早在本科层次开展法经济学教育，2005 年开始讲授"法经济学"，建立法与经济研究院，至今已有 1000 多名本科生接受了法经济学教育。[1]

商学院拥有法经济学拔尖人才培养的一流师资队伍，汇聚了一批在法经济学研究领域具有领先水平的学科带头人和长期从事法经济学教学和研究、具有创新能力的青年学术带头人和学术骨干。扎根本科教学一线，推动法大商学院法经济学系列课程的开设，引领学生学习法经济学前沿知识，研究中国重大法经济学问题。

商学院构建了经济学和法学相结合的课程培养体系。基于经济学专业很多学生都同时辅修法学专业，所以，在经济学专业本科生培养方案的课程设计中，商学院为本科生开设了《法经济学导论》《法经济学》《法律的博弈分析》《行为金融学》《法律数据搜集与分析》《法学定量分析方法》《法商管理概论》等跨学科课程，引领学生学习掌握法经济学的基本理论和方法，并指导学生运用经济学的理论和方法分析法律现象和法律

---

〔1〕 黄立君：《中国法经济学发展概览》，载《山东社会科学》2018 年第 10 期。

问题。

通过法经济学系列教材编写，强化学科交叉融合，突出法经济、法金融（资本金融）特色建设。法大商学院法经济学拔尖人才培养最大的特色就是坚持法学、经济学两大学科交叉融合。而法经济学和法金融学系列教材建设是法经济学拔尖人才建设成果的重要表现形式。商学院目前已经启动《微观法经济学》《宏观法经济学》《金融交易学》《法金融学》《法学定量分析方法》等教材的编写工作，致力于打造法经济学的教材体系。尤其是把法经济学划分为宏观法经济学和微观法经济学进行教材编写，这是国内首创。《法学定量分析方法》则为学生掌握可操作的法学定量分析方法提供帮助和参考。

（二）双导师制度

双导师（学术导师与实践导师）制度是本科生人才培养的创新模式，学术导师重点负责学生的学术研究和学习，实践导师重点负责学生的社会实践、实习和就业。学术导师与实践导师之间具有相对固定的对应关系，即一个学术导师指导的学生与一个或几个实践导师指导的学生是同一批学生。该制度强调学术导师与实践导师并重，凸出言传身教、学以致用、精准育人，把我们的学生都当作自己的孩子和亲人一样，用制度抓手，真正落实立德树人。

双导师制度是本科教育从"粗放经营"走向"精耕细作"的一种尝试，将以班级为单位的班主任块状管理模式，调整为以学生为中心的"辅导员+双导师+系主任"条状管理模式，分阶段次序介入不同教育者角色，实现学生德育、学术、职业全方位发展，形成以学术导师为主、实践导师为辅的全新双导师指导模式，从专业知识培养和职业技能提升全面培养高素质人才背景。[1]实践导师和学术导师兼具法学和经济学专业背景。

---

[1] 熊金武：《商学院本科生"双导师"改革实践与经验——以中国政法大学商学院为中心的考察》，载《中国法学教育研究》2019年第1期。

表 1　双导师制条状管理

年　级	指导老师	主要内容
大一	辅导员+系主任+班主任	辅导员以德育教育、生活关怀为主并持续整个本科学业全过程。 系主任和班主任强调学科指导，学科归属。
大二	学术导师	学术导师指导学生学术方向选择、学术实践直至毕业论文指导。
大三	实践导师	实践导师指导学生职业规划和就业发展。
大四	学术导师为主，实践导师为辅	学术导师指导毕业论文，实践导师提供就业指导。

（三）书院制

借鉴中国传统书院的管理体制，通过加强校企合作，尝试书院制，构建起教学质量保障与优化的闭环体系，为人才培养质量的持续提升提供制度支撑。

第一，凝聚融全球视野和中国根基的一流师资，扎根教学一线。在师资队伍上形成国际化与本土化的融合，推动了现代经济学系列课程的开设、引领学生学习经济学前沿知识、研究中国重大经济问题。同时，全面实行导师制，对学生人生、学习和生活全面指导，激发教师教学热情和育人使命感。

第二，建设融通中外、"三位一体"一流课程，强化综合训练。建立"经济理论、历史比较与量化分析"相结合的模块化课程体系，构建中国特色社会主义政治经济学课程体系，开设政治经济学系列课程及《资本论》必修课程，微观、宏观和计量经济学系列课程，及中外经济史、经济思想史、数学分析、数理经济学等课程，并积极开设暑期国际课程，探索体验式实验教学、翻转课堂等教学方式创新。

第三，推动从本科到硕博的招生培养体制改革，深化模式创新。学院围绕国际化与本土化相融合的经济学创新型人才培养这一根本任务，以"法商型人才培养模式创新实验区"为龙头，以具有国际竞争力和影响力的师资队伍建设为核心，以理论、历史和量化分析的"三位一体"综合训练课程建设为重点，以教学方式和教学管理的现代化和规范化为支撑，实行全方位的经济学教育教学综合改革，推动人才培养质量的显著提升。

第四，积极推动学校内合作、学校之间合作和国际合作。发挥学校国际合作的优势，构建高水平国际联合培养平台。通过邀请国际知名的大师和学者来学校开展学术交流与合作、开设课程与举办学术讲座、担任项目负责人或指导学生开展科学研究等方式加强对学生的培养，使学生尽早接触学科国际前沿。鼓励学生参加国际性学术活动，如参加国际学术会议、讲习班和学科竞赛等，学校将提供积极支持。要为在国内继续攻读研究生的优秀学生积极创造国际化培养的条件，在研究生学习期间争取送到国际一流大学和国际知名学者那里进行学习交流或实行联合培养。

打造法经济学拔尖人才的培养基地，应该坚持以质量提升为核心的内涵式发展道路，面向国内外教育科研机构、实务部门、企事业单位全方位开门办学，不断提高师资学院结构、课程跨国结构、学生知识结构、合作项目结构、效益辐射结构的国际化程度，融合法学优势学科培养法经济学人才，形成以法经济学为优势的经济学人才培养体系，逐步实现办学思想、主体、平台、流程、技术、成果的时代创新。在已有人才培养模式实验班的办学经验基础上，遵循基础学科拔尖人才成长的规律，构筑基础学科人才培养特区，开展教育教学改革和人才培养模式改革，每年动态选拔有志于攀登世界科学高峰的经济学专业优秀本科生，配备一流的师资，提供一流的学习条件，打造一流的学术环境与氛围，激励最优秀学生投身于基础学科研究，建成全国一流经济学专业体系，构建法经济学人才培养特色体系，坚持实事求是，践行中国道路，发展中国学派，为国家培养一批具有家国情怀、学术思想活跃、国际视野开阔、发展潜力巨大、具有法学和经济学交叉学科研究能力的经济学基础学科领域未来学术领军人才。

澳大利亚国际教育国家战略及其启示

尹 超[*]

澳大利亚现代意义上的国际教育，应该肇始于 1950 年 1 月的"科伦坡计划"（Colombo Plan）[1]。简单地说，澳大利亚的国际教育是澳大利亚在本国及海外以各种形式开展的招收国际学生的项目，具体包括澳大利亚在本国招收国际学生的项目，其教育机构以授权办学、联合培养、建立海外分校等形式在海外招收学生的项目，以及为国际学生开设的语言课程班等。在过去的半个多世纪里，澳大利亚为 250 多万名国际学生提供了丰富的、高质量的学习和生活体验。迄今，澳大利亚已成为仅次于美国、英国、法国和德国的世界第五大国际教育服务出口国。但是，澳大利亚的国际教育近年来却面临一系列挑战。为此，澳大利亚联邦政府各方协调一致、积极应对，于 2016 年 4 月 30 日发布《2025 国际教育国家战略蓝图》（National Strategy for International Education 2025，简称《战略 2025》）。这是澳大利亚颁布的第一份有关国际教育发展的国家战略蓝图，它为未来十年澳大利亚发展成为全

* 尹超，法学博士，教育学博士后，中国政法大学法学教育研究与评估中心副教授。

[1] "科伦坡计划"是由英联邦国家发起一个区域性组织援助计划，诞生于 1950 年 1 月在锡兰（今斯里兰卡）科伦坡召开的英联邦外交部长会议。该计划旨在通过以资金和技术援助、教育及培训计划等形式的国际合作，来加强南亚和东南亚地区的社会经济发展。澳大利亚参与缔造科伦坡计划，并资助亚太地区发展中国家的大量学生和相关人员到澳大利亚等国深造，造就了大批人才，也提高了澳大利亚在英联邦国家中的地位，扩大了其在南亚和东南亚地区的影响。

球国际教育领导者，建构了一个可持续的规划框架。除此，澳大利亚还在同一天发布《澳大利亚全球校友参与战略2016—2020》（Australia Global Alumni Engagement Strategy 2016-2020，简称《校友参与战略》）和《澳大利亚国际教育路线图2025》（Australian Strategy for International Education 2025 Roadmap，简称《战略2025路线图》）。《校友参与战略》提出了建立全球校友联系的任务、作用、战略重心和具体行动方案；《战略2025路线图》则从成功文化、新的观念和具体实施方案等方面规划澳大利亚国际教育的发展路线。

一、《战略2025》的出台背景

从20世纪50年代开始，澳大利亚的国际教育发展大体经历了三个阶段：一是"对外援助"（Foreign Aid）时期（1950—1985年）。在这一时期，以"科伦坡计划"为标志，澳大利亚通过向赴澳留学生提供援助奖学金，援助南亚和东南亚发展中国家的政治经济发展。二是"对外贸易"（Foreign Trade）时期（1985—1992年）。20世纪80年代开始，对于海外留学生的教育是否走市场化道路的问题，澳大利亚曾出现激烈争论；直至1985年澳大利亚政府接受《澳大利亚海外援助计划评审报告》的建议，允许高等教育机构招收全额学费的留学生，标志着其国际教育正式进入以经济为导向的产业高速发展阶段。三是"国际化"（Internationalization）时期（1992年至今）。进入20世纪90年代，澳大利亚政府根据国际国内形势的变化，重新审视此前的留学生教育政策，并于1992年提出将政策重点放在教育国际化上。21世纪开始，澳大利亚进一步加快高等教育国际化步伐。2001年初，时任澳大利亚总理霍华德公布了名为"提升澳大利亚的能力"的创新行动计划，确立了大学及其国际化的重要作用。2005年，澳大利亚教育、职业、青年部长委员会（MCEETYA）发表了题为《输送一流的国际教育和培训》的宣言，表明澳大利亚将以教育质量为突破口加快教育国际化进程。为了保护国际教育市场，保障国际教育质量，澳大利亚政府制定和完善相关的政策法规，建立以《澳大利亚海外学生教育服务法2000》为主体的海外学生教育服务法律体系。[1]除此，澳大利亚还设有"高等教育质量和标准管理机构"（Tertiary Education Quality and Standards Agency，TEQSA）和"澳大利亚技能质量管理部门"（the Australian Skills Quality Authority，AQSA），共同对教育质量进行监管。另外还有一些大学联盟机构，包括"澳洲大学联盟"（Universities Australia）、"澳洲八大"（Group of Eight）[2]、"澳大利亚国际教育协会"（International Education Association of Australia，IEAA）等，制定国际教育各领域的相关政策，有侧重地促进某个领域的国际化发展。应该说，澳大利亚的国际教育取得了巨大的成功，在 2002 年举行的"国际教育服务贸易论坛"上，澳大利亚获得了"教育出口大国"的美誉，其教育服务出口也为其本国经济发展做出了重要贡献。比如，自 1982 年到 2007 年，澳大利亚的教育服务出口量以年均约 14% 的速度增长，其所占总出口份额的比重也从不足 1% 上升到 6%，并已取代休闲旅游服务成为澳大利亚最大的服务出口业，成为仅次于煤和铁矿石的澳大利亚第三大出口产业。近年来，澳大利亚成为许多国家学生首选的留学目的地之一，也是这些年世界上教育服务贸易增长速度最快的一个国家，在教育服务市场上占有良好的竞争优势。当然，国际教育为澳大利亚带来的经济回报，还体现在就业和财政收入方面。据澳大利亚统计局公布的数据，2015 财政年度，国际教育为澳大利亚创造了 13 万个就业岗位，贡献了逾 194 亿澳元（约合 970 亿人民币）的收入。除了经济上的收益，国际教育还成为澳大利亚提高公民国际化素质、实施人才战略、维护国家形象、提高国际地位的理性工具。目前，澳大利亚的国际教育在世界上的

---

〔1〕《澳大利亚海外学生教育服务法》制定于 1991 年，并于 1997 年、2000 年、2001 年、2010 年进一步修订完善。目前，澳大利亚海外学生教育服务法案的法律框架主要由四部法律组成：一是《澳大利亚海外学生教育服务法 2000》（Education Services for Overseas Students Act 2000），二是《海外学生教育服务（注册收费）法案 1997》[Education Services for Overseas Students（Registration Charges）Act 1997]，三是《招收海外学生的教育与培训机构及注册审批机构的国家行业规范》（The National Code of Practice for Registration Authorities and Providers of Education and Training to Overseas Students，简称 National Code），四是《海外学生教育服务实施条例 2001》（Education Services for Overseas Students Regulations 2001）。
〔2〕"澳洲八大"即澳大利亚国立大学、悉尼大学、墨尔本大学、昆士兰大学、新南威尔士大学、莫纳什大学、西澳大学、阿德雷德大学八所大学的高校联盟。

市场占有率约为 6%，居美国和英国之后排名第三，在人均水平上则优于所有竞争对手。

至今，澳大利亚已经建立了一个相对完善的国际教育体系，国际教育在规模和效益上都取得了令人瞩目的成就，其高质量的教育和培训服务也获得了较高的国际认可度。但是，近年来澳大利亚国际教育发展也面临着来自国内外的压力。第一，国家教育受到澳大利亚国内经济发展的驱动。近些年，澳大利亚正处于传统的资源经济向服务经济转型的时期，为了弥补传统产业投资下滑带来的经济增长缺口，澳大利亚积极寻求多元化的经济发展格局。然而，澳大利亚作为具有先进教育水平、优越地理位置和多元社会文化的教育大国，在国际教育方面还有很大的潜力可以挖掘。目前，国际教育已经与旅游、天然气、农业综合经营、财富管理一起被确定为在未来 20 年内提振澳大利亚经济的五大产业。第二，国际教育的产业化运作方式对其可持续发展产生不利影响。国际教育的产业化催化了澳大利亚国际教育的迅速发展，也直接导致了公共财政对教育投入的削减。比如说，从 1992 年到 2012 年，澳大利亚高校对基础研究的经费投入占全校整个科研经费的比例从 40% 降至 24%，应用研究则从 30% 上升到 45%（2010年高达 48%）。此时，大学被迫在其原来的生产公共产品的功能和现在生产市场产品的功能之间进行选择，国际教育市场（尤其是海外项目）也因此出现了过于追逐经济效益而导致教育文化交流意义缺失的现象。同时，国际教育产业化对商业利益的过度追求，客观上助长了澳大利亚国际教育的盲目海外扩张，一些低质量的教育服务机构进入国际教育部门，导致一些教育机构因对生源市场估计不足而被迫关闭；有的教育机构甚至为了扩大国际教育规模降低入师资标准、入学门槛和放松学生的课业要求，这对教育质量、政府监管能力及基础设施供给（比如交通、住宿、社会服务以及社区接纳）带来巨大压力，也严重损害了国际教育长期可持续发展的基础。第三，国际教育面临国际竞争的压力。随着全球化和信息化的发展，国际教育在全球范围内的需求呈现不断增加趋势。从 2000 年至 2012 年，全球高等教育国际学生入学人数从 210 万增至 450 万，年平均增长率达 7%。根据德勤经济研究所（Deloitte Access Economics）的分析估计，全世界到 2025 年将会有超过 10 亿的学生积极寻求教育和技能。发达国家积极利用全球日益增长的国际教育服务需求，助力本国的生产力发展与经济增长，美国和英国甚至制定了国际教育发展战略[1]。目前，澳大利亚国际教育的主要竞争对手是美国和英国，它们分别持有 19% 和 10% 的市场份额，而法国、德国、日本和加拿大紧随其后。与澳大利亚一样，这些国家也在积极寻求扩大市场份额。近年来，中国、印度、韩国、马来西亚、菲律宾、泰国、新加坡等国家，也在着力提升教育对国际学生的吸引力，拓展海外教育市场。这意味着，澳大利亚国际教育发展将面临国际教育传统强国和后起新秀的巨大竞争压力。

澳大利亚国际教育进入以经济为导向的产业高速发展阶段后，赴澳留学生人数迅速增长。但自 2009 年以来，由于受国内移民政策不连续性、澳元升值、学生安全等因素以及世界竞争的影响，澳大利亚国际学生注册数呈现总体下降趋势。1986—1990 年，留学生人数从 2000 人增长到 40 000 人，2002 年则超过 200 000 人，2009 年打破历史记录，达到 631 935 人。但是从 2009 年后留学人数呈逐年下降趋势，到 2012 年人数下降到 500 000 人左右。这种态势引起了澳大利亚联邦政府的高度重视，并于 2011 年 10 月 14 日成立专门机构——国际教育咨询委员会（International Education Advisory Council，IEAC），就澳大利亚国际教育产业发展存在的问题及相应改革措施展开调查研究。2013 年 2 月，该委员会发布了调研报告——《澳大利亚—全球教育：国际教育咨询委员会的建议》（Australia-Educating Globally：Advice from the International Education Advisory Council，亦简称

---

〔1〕 美国联邦教育部于 2012 年 11 月出台了一份为期五年的国际教育战略报告：《通过国际教育与合作取得全球性成功》（Succeeding Globally Through International Education and Engagement），将国际教育提升到国家安全的战略高度。当然，美国发展国际教育不仅是为了改善美国教育状况，推进国际事务优先发展，而且在更高层次上也是为了增强国际竞争力，提高美国公民应对全球性挑战的能力。2013 年 7 月，英国商业、创新和技能部颁布《国际教育：全球增长和繁荣战略》（International Education Strategy：Global Growth and Prosperity），在战略中，英国政府提出"要建立一个面向所有海外学生的富有国际竞争力的、可持续发展的国际教育体系"的发展目标，并设计出推动国际教育未来发展的政策框架和具体行动。

《钱尼报告》）。[1] 该报告从跨部门协调、提升教育质量、改善留学体验、增进伙伴关系、改革学生签证程序、重视数据收集分析和加强市场推广七个关键方面，提出了一系列改革建议。澳大利亚联邦政府综合考虑国际教育的国内、国际发展态势，启动以教育质量与可持续性发展为核心的国际教育改革，并在深入调研和广泛征询各级政府和其他利益相关者意见的基础上，制定发布了《战略 2025》《校友参与战略》和《战略 2025 路线图》，确立了今后国际教育发展的目标框架和行动指南。

二、《战略 2025》的目标架构与行动方案

《战略 2025》计划用十年时间将澳大利亚发展为教育、培训和研究方面的全球领导者，其目标是在当前成功的基础上抓住新的机遇，使澳大利亚的国际教育能够帮助世界各地的个人、社区和产业发挥他们的潜能。《战略 2025》为澳大利亚的国际教育设定了"夯实教育基础""发展变革性的伙伴关系"和"参与全球竞争"这"三大支柱"，并在"三大支柱"之下设置了"九大目标"，同时也提出了实现这些目标的具体行动措施。这三大支柱及其附随的目标和行动措施，旨在为学生、澳大利亚和世界带来利益和机会。

（一）支柱一：夯实教育基础

澳大利亚的教育和研究质量已经在全球享有良好的声誉。然而，为了能够承受日益激烈的竞争和持续增长的市场份额，《战略 2025》强调要在现有教育、培训和研究优势的基础上，为学生提供高质量、创新性的产品和服务，让学生感受无与伦比的学习体验。围绕"夯实教育基础"这一支柱，《战略 2025》提出了"建立世界一流的教育培训和研究体系""提供最好的学生体验""提供有效的质量保证和监管"三大目标。

目标一：建立世界一流的教育培训和研究体系。针对这一目标，《战略 2025》提出了以下两项行动措施：一是发展澳大利亚在教育、培训和研

---

［1］ 《澳大利亚—全球教育：国际教育咨询委员会的建议》调研报告，也以国际教育咨询委会会主席 Michael Chaney 的名义简称《钱尼报告》（Chaney Report）。

究方面的全球领先角色。为此，澳大利亚要立足于创新和科技进步，发展和支持新颖的教育产品和服务，继续增强教育和培训体系的多样化、灵活性和创新性，并采取多元的教育手段为学生提供迎接未来挑战所需的技能、知识和态度，使他们成为富有价值的、具有全球意识的公民。二是要制定支持澳大利亚国际教育领域国内一致的方法。为此，《战略2025》强调政府、高峰组织、教育提供者、工商界、学生和社区等在关键国际教育活动中沟通和接触，并通过利用和协调教育资源提供符合和超出学生和雇主期望的澳大利亚国际教育。

目标二：提供最好的学生体验。为此，《战略2025》提出三项行动措施：一是为国际学生提供支持。其中包括：向学生提供有利的支持性环境和服务，为学生完成学业提供必要的协助；寻求新的方式为学生提供和完善支持服务，提供廉价方便的住宿和公共交通；允许国际学生在学习期间工作，并在完成学业后申请工作签证，帮助学生获得工作经验；设立学生代表机构，完善听取国际学生意见的途径，为国际学生提供符合或超过其需求的支持。二是为学生的选择提供信息。其中包括：推动持续改进信息管理能力；向潜在的学生、在读生和毕业生提供经过数据收集和分析的信息（比如就业结果、学生满意度调查和教学质量指标等）；在整个学习过程中向学生提供高质量的职业建议。三是帮助学生为全球参与做好准备。其中包括：鼓励学生成为能够自我指导的批判性思考者；以多元文化社会、高度国际化的机构和国际视野，以及鼓励外语学习和跨文化意识的项目，促进学生文化运用和解决问题的能力的获得；通过实习和志愿服务等方式增加学生的工作经验，加强教育和就业之间的联系，提高毕业生就业能力，使毕业生具备在全球劳动力市场上取得成功所必需的技能、知识和态度。

目标三：提供有效的质量保证和监管。围绕该目标，《战略2025》提出两项行动措施：一是维持强大的质量保证体系。目前，澳大利亚已经建立了较为完备的教育质量保障体系。该体系是监管机构、政府、工商界和教育机构之间通过紧密合作建立的，涵盖在线教育、远程教育、境内教育、境外教育等多种教育模式，设有独立的国家监管机构，负责对职业教育培训、高等教育和英语教育以及各地学校部门的监管，并得到以《澳大利亚海外学生教育服务法 2000》为主体的海外学生教育服务法律体系的保证。在此基础上，针对此前影响教育质量和形象的混乱现象，《战略 2025》提出，在澳大利亚为持有学生签证的国际学生提供课程的服务的所有教育提供者，都必须在英联邦海外学生机构与课程登记部门（CRICOS）进行登记，并证明自己遵守《海外学生教育培训机构服务守则》（The National Code of Practice for Providers of Education and Training to Overseas Students）。依此，澳大利亚的教育质量将由国家监管机构与教育提供者和高峰组织共同努力，通过内部和外部的质量保证机制进一步得到加强。同时，澳大利亚将继续支持在教育和培训方面的最高质量标准，领导和推广世界最佳服务质量保证。二是为学生提供强有力的保护。澳大利亚在招收国际学生方面要求最高的专业性和完整性，继续设定国际学生保护的世界标准。强有力的治理框架不仅确保国际学生能够接受所期望的课程和优质教育，也为每个阶段的教育提供世界上最强大、最有效的学生安全保护。其中，《海外学生教育培训机构服务守则》规定了澳大利亚教育提供者在招生以及课程的交付和质量方面制定标准。澳大利亚教育机构和顾问还采用《国际学生道德征聘原则声明》（The Statement of Principles for the Ethical Recruitment of International Students，简称《伦敦声明》）。《澳大利亚海外学生教育服务法 2000》则被特别援引以保护国际学生的权利，它确保优质教育产品的交付，并支持学生签证程序的完整性；其所提供的学费保护意味着，在一个教育机构不能完全交付课程时，学生可以在另外教育机构完成其课程或者获得未用完学费的退还。澳大利亚海外学生监察专员（Overseas Student Ombudsman）在私立教育和培训方面向国际学生提供免费、独立和公正的投诉服务。

（二）支柱二：发展变革性的伙伴关系

在《战略 2025》中，澳大利亚非常重视各种层次伙伴关系的建立和发展。这种伙伴关系包括澳大利亚工商业间的伙伴关系，也包括教育机构或大学之间以及国家之间的伙伴关系，还有全球校友之间的伙伴关系。因为工商业之间的合作可以提高毕业生就业能力，支持生产力的增长，提高研究投资和产出，鼓励技术和创新转化。教育机构或大学之间以及国家之间的伙伴关系，可以促进跨文化的对话和交流，帮助澳大利亚的师生与学校社区和世界各地的学生建立联系。全球校友形成的伙伴关系可以为未来的贸易和商业发展奠定坚实的基础，并加强了跨文化的理解和关系。为了发展变革性的伙伴关系，《战略 2025》提出了"强化国内伙伴关系""拓展国际伙伴关系""提高流动性""保持稳定持久的校友关系"等四项目标。

目标四：强化国内伙伴关系。澳大利亚鼓励当地社区和工商界的参与，使澳大利亚国际教育对学生、社区和企业的利益最大化。为此，《战略 2025》提出了两项行动措施：一是鼓励与社区建立广泛的友好关系。《战略 2025》认为澳大利亚拥有一个多样化的国际学生群体，这种多样性为其提供了一个独特的机会来建立友谊、理解文化、尊重和维持关系。因此，地方政府以及体育和社区团体应帮助建立与国际学生的联系，也鼓励学生与他们所居住的社会产生更多的接触，这样社区和学生都会从中获益。总之，澳大利亚承认、庆祝交流国际学生给澳大利亚带来的好处，并发展和分享国际学生与社区加强联系的最佳实践方法。二是鼓励与工商业界建立更好的联系。客观地说，澳大利亚在商业敏锐性和产业创新性方面具有良好的国际声誉，其工商业也对教育、培训和研究领域做出了巨大贡献，研究者和产业之间的伙伴关系正在将澳大利亚的创新推向市场，并为学生提供实习和工学结合的机会。在此背景下，《战略 2025》鼓励在国际教育领域与提高毕业生就业能力的工商业之间、研究投资和产出之间、技术和创新转化之间建立强有力的联系，以确保其教育和培训体系为未来的劳动力提供所需的技能。同时，澳大利亚政府的《国家创新和科学议程》（National Innovation and Science Agenda）应支持对高质量研究和创新的投资，并支持在商业化和技术转移方面的伙伴关系的投资。未来十年，澳大利亚将最大限度地增加工商业在教育和培训方面的投入，进一步加强行业研究的联系。

目标五：拓展国际伙伴关系。《战略 2025》认为澳大利亚将扩大国际参与，以支持其作为高质量国际教育提供者的角色，并提出了两项行动措施：一是通过政府间的接触建立信心。此前，政府间的接触为澳大利亚的双边和多边合作奠定了基础，也为澳大利亚的国际教育领域提供了重要支持，同时为各国及其学生和教育机构提供了新的机会。这种政府间的双边和多边的接触包括在质量保证、机构认证和监管、市场准入和推广、资格认证和研究合作等一系列领域的合作。为建立和保持强有力的政府间关系，促进澳大利亚在国际教育、培训和研究方面的国家利益，澳大利亚强调印度-太平洋地区在政府间接触方面的重要性。最近，澳大利亚已与中国、韩国和日本等签署了自由贸易协定，并签署了《跨太平洋伙伴关系协定》（Trans-Pacific Partnership Agreement，简称 TPP），这将加强澳大利亚与这些国家的经济和社会关系。《战略 2025》进一步强调，澳大利亚政府将继续通过正式的政府间陈述和协议，包括通过自由贸易协定、谅解备忘录、多边论坛和工作组，对国际教育领域提供机会和给予重视。二是通过机构间伙伴关系加强合作。澳大利亚的教育机构和研究机构在国际教育方面具有长期且成功的历史，并获得了实实在在的回报。其中，机构间的合作为教育机构、学生和研究人员提供了大量机会。这种伙伴关系通过多种途径为国际教育提供教育培训支持，比如：各种机构信贷转让和资格认定，学生、专业人士和研究人员的交流，联合学位及研究，咨询服务等。澳大利亚希望帮助教育机构探索进一步发展这种伙伴关系的方法，包括国家间伙伴关系或可能提供进入新国际市场的国内伙伴关系。因此，在未来一段时间，澳大利亚将在国际教育、培训和研究工作中支持教育机构和研究机构，扩展机构间的伙伴关系。

目标六：提高流动性。这一目标下的行动措施包括：一是通过实际签证设置和工作安排支持国际流动。为促进学生、学者和研究人员的流动性，澳大利亚提供了一系列签证选择权，以方便学生、学者和研究人员入境。这些签证政策使学生在学习期间利用学生签证从事兼职工作，这有助于最大限度地提高毕业生的竞争力。在此基础上，《战略 2025》强调继续评估澳大利亚签证设置，方便国际学生、学者和研究人员的跨境流动，并为国际学生提供准确可靠的签证条件和工作机会。二是扩大学生、教育培训专业人士和研究人员的流动。这种安排允许学生、专业人士和研究人员利用在其他国家的教育、培训、研究和就业机会增加流动性，从而对其学习、阅历、未来的职业及合作提供更多机会。澳大利亚特别关注与印度-太平洋邻国的合作，促进地区关系转型，发展更具区域性的澳大利亚劳动力市场。澳大利亚用于促进国内外学习、研究和专业发展的奖学金投入，比如澳大利亚奖（Australia Awards）、奋进奖学金和助学金（Endeavour Scholarships and Fellowships）、奋进流动性资助（Endeavour Mobility Grants）和新科伦坡计划（New Colombo Plan）〔1〕等，在世界上是领先的。今后，澳大利亚将进一步通过奖学金和其他支持，促进学生、教育培训专业人士和研究人员的跨界流动，并通过与其他国家建立伙伴关系来支持这种流行性。三是通过资格认证来支持毕业生。积极的资历认可对于促进劳动力全球流动的伙伴关系、国际联系与合作起到支撑作用。澳大利亚提倡积极的资格认证，以支持学生和劳动者。澳大利亚学历资格框架（Australian Qualifications Framework，简称 AQF）作为一项综合性国家政策，涵盖了来自学校、高等教育以及职业教育和培训的资格，以高质量的国家标准确保教育和培训的资格认证质量，以支持澳大利亚国内和国际的流动性。澳大利亚计划通过持续的国际合作，塑造旨在促进劳动力全球流动相关的资格认证和技能认定。其最终目标是通过海外对澳大利亚教育、培训和职业质量的信任、接受和认可，提升其在国际上资历认可的领导地位，促进无边界流动。

目标七：保持持久稳定的校友关系。澳大利亚国际交往历史悠久，拥有丰富的国际校友资源，并有很多机会与数百万国际学生建立联系。这种联系既有助于促进学生进一步的学术和专业发展，又可以为澳大利亚建立更多的国际联系和伙伴关系。为此，澳大利亚的机构和企业将与政府共同努力，与校友保持有意义的联系，以促进互惠互利。为进一步培养持久、

---

〔1〕 新科伦坡计划是澳大利亚政府的一项标志性倡议，旨在通过支持澳大利亚本科生在印-太平洋地区国家学习和实习从而增加对该地区的理解。新科伦坡计划旨在转换发展思路，加深澳大利亚与本地区国家的关系，同时也为澳大利亚未来的劳动力培养地区意识。政府、大学与企业间的密切伙伴关系将继续支持这项倡议在更多的国家和地区实施。新科伦坡计划与澳大利亚奋进奖学金一道创造了澳大利亚与本地区的双向学生流动，加强了澳大利亚和本地区其他国家的了解，为澳大利亚学生提供了在世界一流大学和公司学习和实习的新机会，并提供了宝贵的经验，提高了学生毕业后的就业能力。

真诚的校友关系，澳大利亚专门制定《校友参与战略》，为校友建立社交网络、组织社交活动，帮助建立国家间持续的文化和经济联系。因此，澳大利亚将投资与全世界各地的校友建立积极、持久的联系，并将持续而永久的校友参与机会作为每个学生在澳大利亚学习经历的内在组成部分，也是澳大利亚教育机构的核心业务。所以，澳大利亚庆祝和支持校友的成功，并发展创新的全球校友参与战略，建立广泛的校友网络。

（三）支柱三：参与全球竞争

澳大利亚充分意识到来自传统教育强国和新兴国家在国际教育领域的激烈竞争，积极从国家层面协调一致应对挑战，推动澳大利亚成为高质量国际教育的目的地。面对国际教育的世界竞争，澳大利亚不仅充分发挥自身的传统优势，还努力寻找和把握新的机会，促进国际教育产品与服务的发展、创新，满足未来学生和工商业发展的需要。为此，《战略2025》确立了"追求卓越品质"和"抓住发展机会"两大发展目标。

目标八：追求卓越品质。澳大利亚着力成为世界级的国际教育提供者，在教育和研究质量、宜居性、学生满意度和就业结果方面的调查中一直具有良好表现。如今，《战略2025》明确提出要发挥充分澳大利亚在国际教育领域的优势，利用其作为国际合作伙伴在教育、培训和研究的卓越成就所建立的声望，推动澳大利亚成为已有市场和新兴市场高质量的国际合作伙伴和国际教育目的地。《战略2025》将确保澳大利亚在全球国际教育舞台上的竞争力，在不限制个人品牌的前提下，协调一致共同努力促进国际教育的世界级卓越品质，并在未来十年大幅扩大新兴地区的市场准入。

目标九：抓住发展机会。澳大利亚将通过更具创新性和包容性的方式，对学生和雇主的需求做出反应，以此来抓住国际教育的发展机会。针对这一目标，《战略2025》提出了三项行动措施：一是创新教育和培训服务，以满足学生和雇主的需要。教育技术和服务的信息化打破了教育的边界，可以让人们随时随地都可以学习。这催生了新的教育方式，包括国内的、国外的以及在线的教育，也对学生学什么、何时学、何地学、如何学以及适于他们的服务提供了更多选择。在新的形势下，澳大利亚的教育提供者在学习、教学和学生服务方面投入技术创新，应用学习管理系统、适应性学习技术和在线持续专业发展作为全球学习的新途径，积极适应和应对新的技术、学生选择和新兴市场需求。在未来十年，澳大利亚将利用科技进步，支持尖端教育和培训服务的发展，抓住在国内和国际发展教育、培训和研究的创新机会。二是促进国际教育在澳大利亚的地区推广。传统上看，国际学生大多倾向于流向澳大利亚主要城市。但是，澳大利亚在区域性教育方面也具有很大优势，比如较低的生活成本、更多的住宿和工作机会、与当地社区更紧密的互动以及享受澳大利亚的自然环境；而且，许多顶尖研究领域，比如农业、海洋科学和热带医学等，都位于澳大利亚的偏远地区。同时，那些接纳了国际学生的地方社区也通过改善文化理解和国际关系获益，获得了向世界伸出援助之手的机会。为进一步拓展偏远地区的国际教育，澳大利亚将通过促进区域学科的发展，在国际上推广偏远地区在国际教育、培训和研究方面的经验和优势，以吸引国际学生和研究人员深入地方社区。三是识别并回应新的机会。技术在更新、社会在进步，新的市场、新的伙伴关系、新的教学和研究领域、新的技术和新的教育交付方式等，都酝酿了更多的国际教育发展机会。澳大利亚具有致力于质量提升且具有灵活地识别和应对世界各地的新机会的国际教育体系，并计划在保持现有优势的基础上，准确及时地进行市场调查和情报收集与共享，识别并迅速应对新的和正在出现的机会，促进国际教育发展的创新，为国际教育提供新的政策和战略方向。值得一提的是，澳大利亚积极探索以学生为中心的教育和学习技术，创新全球教学和学习的方式方法，其在线开放平台学习管理系统（LMS）为定制教育互动铺平了道路。

三、国际教育国家战略的经验和启示

在全球化和信息化时代，教育国际化的进程不可逆转。国际教育正处于一个大发展、大变革的时期。它受到国际社会和各国政府的普遍重视，因为国际教育就是世界教育的未来。可以说，澳大利亚国际教育国家战略是针对国内发展困境和国际竞争压力做出的回应，既是解决问题的妙招又是未来发展的良策，既立足于现实又具有创新性和前瞻性。虽然该战略在诸多方面受到社会人士的批评和诟病，但是它体现了澳大利亚从国家层面积极推进国际教育发展进程所做出的努力，其中很多内容、思路和举措都带有启发性和借鉴意义。

(一)《战略2025》的经验解读

1. "三大支柱"支撑整体构架

《战略2025》所设定的"夯实教育基础""发展变革性的伙伴关系"和"参与全球竞争"三大支柱，具有严密的逻辑关系。"夯实教育基础"体现的是澳大利亚国际教育发展的自身条件。也就是说，澳大利亚国际教育要立足并发展本国的优势，建立世界上最好的教育、培训和研究体系，提供最好的学生体验，提供有效的质量保证和监管，从内容、方法、服务、管理、质量保证、学生保护等方面提供全方位的高质量的教育条件。"发展变革性的伙伴关系"反映了澳大利亚国际教育互惠互利的发展模式。其中，教育机构或大学与社区和工商业界所建立的国内伙伴关系，有利于加强国际学生与社区、工商界之间的互惠互利，建立产学研的优势互补；政府间和机构间所建立的国际伙伴关系，有助于国际教育的双边和多边合作，为国际教育的发展提供更多机会；通过签证设置、工作安排、奖学金支持和资格认证等引起学生、学者和研究人员的跨境流动，可以提升澳大利亚国际教育的国际影响力和领导地位；持久的校友联系则是未来商贸发展的基础，也是跨文化发展的重要途径。"参与全球竞争"表明了澳大利亚国际教育发展的目标导向。可以肯定，全球竞争将会是国际教育未来发展的主旋律。为了迎接未来竞争的挑战，澳大利亚通过追求卓越来发挥自身优势，通过创新寻求新的发展机会，以此实现澳大利亚成为教育、培训和研究方面的全球领导者的目标。自身条件、发展模式和目标导向，这三者相互影响、相互促进，富有逻辑地构成澳大利亚国际教育发展的基本构架。

2. 三种视角表征共赢格局

在过去，澳大利亚国际教育受市场化和产业化驱使，过于追求本国经济效益；而《战略2025》在注重市场份额、追求经济收益的同时，将学生、澳大利亚以及世界的利益和机会联系起来；其目标和行动措施也是通过学生、澳大利亚以及世界的利益和机会这三种视角来审视的；这有利于实现学生、澳大利亚和世界三方利益和机会的平衡。在学生层面，该战略旨在通过有效的行业链接和学生服务，提高学生获得高质量教育的机会，并通过新的签证安排以及与工商业界的联系，为学生提供实习和工学场所以提高就业能力。而澳大利亚将受益于市场份额的增加。德勤在澳大利亚国际教育的《经济增长与机遇》（The Deloitte Access Economics）报告中指出，到 2025 年，澳大利亚在岸的注册人数将增长 45% 左右，相当于澳大利亚接待了约 720 000 名在岸学生；这种增长将为澳大利亚带来巨大的机遇。当然，国际教育给澳大利亚带来的不仅仅是经济利益，还提供了加强双边和多边关系的机会，增进了文化意识和社会参与。此外，澳大利亚还通过与受过良好教育的校友联系，促进其与邻国和世界其他地区的良好关系。对世界来说，该战略会提高世界在素质教育和研究方面的能力，并向世界提供各种学科的毕业生。相应地，国际标准、毕业生就业能力、学生体验的质量、国际合作和校友参与、市场份额等，将是衡量这一战略目标成功与否的标准和方法。因此说，澳大利亚国际教育国家战略兼顾了三方的利益和机会，获得了三方共赢的局面。

3. 多维创新保障教育质量

世界级的卓越品质是澳大利亚国际教育国家战略做出的重要承诺，是该战略实施的核心任务，也是澳大利亚国际教育的魅力所在。为此，澳大利亚从多个维度采取措施，保障国际教育质量。第一，立足于服务创新和科技进步，提出建立世界上最好的教育、培训和研究体系。第二，从学生服务、信息管理、工作经验、就业能力、文化能力和学生保护等方面，给予学生全方位的发展支持。第三，建立健全强大的质量保证体系和独立的国家监管机构。第四，完善以《澳大利亚海外学生教育服务法 2000》为主体的海外学生教育服务法律体系。第五，以高质量资格认证促进跨界流动，提高毕业生竞争力。第六，政府、教育提供者、工商界、学生和社区等各方协调一致、共同努力，追求教育、培训和研究的卓越品质。第七，充分利用教育技术和服务的信息化，以技术和服务创新促进国际教育质量。第八，培养持久真诚的校友关系，制定全球校友参与战略，着眼于未来的可持续发展。

(二) 澳大利亚国际教育国家战略对中国的启示

改革开放以来，尤其是 21 世纪以来，中国不断推进留学人员的双向流动、中外合作办学、课程国际化、参与国际组织等，国际教育的总体水平不断提高。2017 年，我国出国留学人数首次突破 60 万大关，达 60.84 万人，同比增长 11.74%，持续保持世界最大留学生生源国地位；同时，2017 年有来自 204 个国家和地区的共 48.92 万名各类外国留学人员，在我国 935 所高等院校学习，规模增速连续两年保持在 10%以上，其中学历生24.15 万人，占总数的 49.38%，同比增长 15.04%，来华留学规模持续扩大，我国已是亚洲最大留学目的国。但是，中国的国际教育还有一些亟需解决的问题，此时澳大利亚的国际教育国家战略或许会带来启示和借鉴。

1. 将国际教育提升到国家战略高度

随着经济全球化和教育国际化的迅速发展，美国、英国、澳大利亚等发达国家都已认识到国际教育在经济、政治、外交、文化等领域的重要作用，相继制定了立足本国国情的国际教育发展战略，用以提高经济竞争力、扩大文化影响力、保障国家安全、提升国际地位。如今，我国已基本形成有关国际教育的政策框架体系，也体现出国际教育政策良好的规范性和指导性。但是，我国对国际教育的战略定位和战略目标都还比较模糊，缺乏全局性、系统性和操作性。随着经济的发展和国际地位的提升，中国的国际教育应显现出比以往更强的积极性和主动性，既要吸纳国际优质教育资源，也要向世界展示中国的优秀文化，提升我国的国际影响力和国际认同。为此，我们有必要将国际教育提升到国家战略的高度，从国际教育与经济发展、国家外交、文化交流和教育发展之间的关系的角度确定战略定位，将国际教育与国内教育结合起来通盘考虑，明确我国国际教育政策的总体目标，既要立足挖掘和发展本国的教育资源和优势，增进中国核心文化的国际认同与理解，也要主动引入和利用先进的国际教育理念和资源，让中国的教育进一步融入世界的需要。

2. 以质量保障与监管提高教育质量

随着对外开放的深化和国际交流与合作的扩展，中国国际教育的规模获得了巨大发展。截至 2016 年年底，经教育部审批设立的中外合作办学机构和项目共有 2480 个，在 14 个国家和地区举办本科以上境外办学机构和项目 102 个，在高校设立教育援外基地 10 个。但是在市场利益的驱动下，有的教育提供者过于追求效益而忽视教育质量的提高，这甚至会影响到我国国际教育的声誉和未来的可持续发展。迄今，我国尚处于世界最大留学生生源输出国的地位，更需要进一步提高国际教育的质量，提升我国教育的国际影响力与竞争力，进而提升国家的"软实力"。为此，我们有必要借鉴澳大利亚国际教育国家战略的经验，充分挖掘和发展我国优质教育资源和优势，立足于本国教育品质的提升；开展资格认证、质量保障和质量监管框架的顶层设计，建立完善的国际教育质量保障体系和质量监管机构；加强和完善国际教育服务的相关立法，为国际教育提供可靠的法律保障；把握世界科技更新换代的有利时机，创新教育教学方式和方法；加强国际教育在国内国际的交流，鼓励、引导、规范教育与产业的合作，建立适应国际竞争的人才培养模式。质量是教育的生命线，我国的国际教育今后要在扩大规模的基础上，走以创新和质量为核心的内涵式发展道路。只有如此，才能适应国际教育的全球竞争，促进国际教育的可持续发展。

3. 抓住"一带一路"发展新机会

2016 年 4 月 29 日，中共中央办公厅和国务院办公厅联合发布《关于做好新时期教育对外开放工作的若干意见》，提出"实施'一带一路'教育行动，促进沿线国家教育合作"。2016 年 7 月 13 日，教育部又跟进制订《推进共建"一带一路"教育行动》，实施"丝绸之路"教育计划[1]，加大力度对沿线国家尤其是最不发达国家的教育援助，敦促构建"一带一路"教育共同体。在新时期，"一带一路"是中国政府对外发展的战略重点，而且"一带一路"沿线国家和地区与中国经济社会发展联系密切，也具有较为深厚的历史渊源。因此，国际教育要借助国家发展的战略形势，

---

〔1〕 "丝绸之路"教育计划共有六项，它们分别是："丝绸之路"留学推进计划，"丝绸之路"合作办学推进计划，"丝绸之路"师资培训推进计划，"丝绸之路"人才联合培养推进计划，"丝绸之路"教育援助计划，"丝绸之路"人文交流高层磋商。这六项计划对于我国的国际教育来说，应该是重大的发展机遇。

把"一带一路"沿线国家和地区作为国际教育发展的重点区域，从国家整体利益角度确定国际教育发展的战略、目标和措施，提高其服务"一带一路"战略的能力。

4. 重视全球校友参与的重要性

像美国、英国、澳大利亚这样的国际教育发达国家，都把国际教育看作获取经济效益、扩大地缘政治影响、展示文化软实力、提升国际化办学水平的重要途径。其中，全球校友参与的作用不容小觑。澳大利亚甚至专门制定《校友参与战略》，是与澳大利亚高等教育部门合作开发的一整套政府公共外交计划。该战略将校友参与定位为公共外交的优先事项，而当前和未来的领袖是澳大利亚全球校友战略关注的焦点。《校友参与战略》将促进校友之间的联系，帮助校友在职业生涯中取得进步，也为澳大利亚扩大了外交、贸易和投资的机会，促进其开放和创新，提升其能力和信誉。因此，中国的国际教育有必要从保障国家长远利益、提升国家软实力和国际竞争力的战略高度，培养具有国际视野、跨文化能力甚至全球影响力的国际化人才，向世界外输送一批具有中华知识背景和文化情感的世界精英和未来领袖。

课程与教学

Ke Cheng Yu Jiao Xue

双一流建设中的国际课程设置与改善

——立足于中国政法大学的国际课程

陈景善*

引　言

在双一流评价体系中国际化是评价要素之一。中国政法大学在双一流建设中不断扩大包括对外办学在内的国际交流，实现科研的国际化、教学的国际化、人才培养的国际化。具体而言，对外致力于不断拓展与世界排名顶尖高校之间的交流合作，对内鼓励教师们进行国际交流积极参加国际会议，加强国际合作，发表国际性期刊论文，强化国际课程的设置与实施，使得师生的教学和科研的国际化全面得到了提升，成为名副其实的双一流高校之一，但是实施中的问题也不断凸显。本文着重分析在国际化课程实施中的问题点，拟提出改善建议。

一、国际课程中应明确区分教学功能与行政辅助功能

教学秩序依赖于行政程序的衔接，行政程序的顺畅衔接是确保教学秩序的保障。良好的教学秩序的建立不仅要基于学生本位，也要服务于教师顺利授课。学生与教师是教学秩序中的主

---

*　陈景善，中国政法大学教授。

体，教学行政机构（教务处、研究生院、财务处等）是为保障教学秩序提供支持与服务的校内行政机关。在教学秩序中应明确区分教学主体维持的教学秩序与教学行政机关提供服务的教学服务、辅助功能。在国际课程的实施上和学校教学秩序程序的安排上，学校教学行政机构统筹、校内教师邀请国外教师、国外教师承诺，在三方合作之下规定时间内方能顺利开课。但是，期间需要多道行政程序的协调，行政程序的顺利协调体现在国际化教学效果以及人才培养效果上。

（一）教学秩序的安排

我校实施三学期制，秋季为第一学期每年的 9 月至 12 月末，春季为第二学期每年的 2 月末至 6 月末，一学期 16 周为授课期间，部分 32 课时的选修课 9 周或 12 周结课。每年 7 月份为夏季小学期，我校在夏季小学期安排国际课程，当然在夏季小学期校内教师们也可正常开设 32 课时的课程，可在 1 周到 4 周期间内灵活安排授课。在学校教学机制上本科生由教务处安排，研究生由研究生院安排，承担着不同的功能。在教学安排中，学生选课、外籍教师来授课基本顺利，显然国际课程的顺利实施与教学秩序有条不紊是分不开的。但是，作为邀请外方教师的校内教师，笔者深感我校在国际课程的实施中，存在将教学服务辅助工作从教学行政机关转移给了邀请外籍教师的校内教师的问题，混淆教与辅的功能的问题。

1. 本科生暑期国际课程的实施

（1）国际课程课时安排。我校国际暑期课程课程表一般 4 月末在网上公开，学生根据需求选课。授课以全国高校的学生为对象，不仅有本校的本科生，还有其他学校的学生。小班制，通常有 30 名左右的学生。世界各国几十个国家的教授来本校全程英文授课，课程内容很丰富。学期为 4 周，32 课时。根据外籍教师的时间，也可安排在一周内授完 32 课时，比较灵活。在短期内学生的外语能力、比较法知识得到了提高，在国内享受国外授课方式，与国际直接接轨。外加学生直接与国外教授接触，咨询留学问题。国际课程在效果上，完全实现了以学生为本位授课的目的，但是给邀请外国教师的校内教师增加了无形的、有形的负担，原因在于教学秩序与行政衔接治理机制不畅。

（2）校内教师辅助作用。应明确校内教师辅助国际课程的定位。如前所述，国际课程的实施始于校内教师的申请。在国际课程申请阶段，由校内教师邀请外籍教师沟通拟要开设的课程以及课程介绍、提供外籍教师简历、护照复印件、照片等，提交给校内教师所属院系教务办，由教务办统计再交由教务处。如果有负责国际交流的行政人员，国际交流负责人提交教务处。行政程序上，"教师"—"院教务（或国际交流）"—"教务处"衔接。本科生国际暑期课程是院教务系统和学校教务系统的衔接，因国际交流的特殊性校内教师参与邀请和申请的前期阶段。校内教师的辅助不仅是对国际教师教学的辅助，也是对教务行政机构的行政辅助。而按照日常的教学行政秩序运行的情形下，因国外教师不熟悉国内教学系统，校内教师只需要辅助前期申请即可，后续行政程序与校内教师辅助完全可以分离。更谈不上，还需要辅助财务报销程序。

（3）勤助生教辅安排与问题点。国际暑期课程实施了勤助生教辅的模式，勤助生应起到教学行政辅助作用。教务处为确保教学秩序的顺利衔接，统一安排勤助生，培训勤助生。勤助生的教学行政辅助功能体现在辅助外籍教师在华生活、校内生活与教学、与校内教务处、财务处以及其他行政机关的衔接环节上。但是，存在教学辅助行政功能的承担上，由本科生担任合适还是研究生担任合适的问题。2018 年暑期、2019 年暑期，本人连续两年邀请外籍教师来我校授课。2018 年邀请日本早稻田大学的商法教授大冢英明，因此本人选择了会日语的助教辅助大冢教授的"国际公司法课程"。2019 年暑期邀请新加坡国际大学魏铭声教授来讲授"国际破产法课程"，教授会中文，不需要特别安排小语种助教。两位教授的课程均以本科生为授课对象，学校统一安排，本人未安排助教，由本科生任助教。通过两次比较得出本科生勤助明显缺乏能力。勤助生的主要工作内容为：负责接送外籍教师、辅助外籍教师授课、辅助报销事宜。但是，勤助生在任何一个环节发挥不了作用时，应如何应对的问题教务处并未考虑。勤助生在任何一个环节出问题，又给邀请教师增加负担。比如：无法接送时，邀请教师就需要自行安排学生接送；勤助无法帮外籍教师时，邀请教师又得另安排学生；有的学生同时给两个以上教师做勤助，忙不过来；有的说教务处就让我们做一周；有的说，暑期要回家，您自己去送机；关于报销程序，听了也不知道怎么报，邀请教师自行安排报销，等等；行政程序上未考虑的细节问题层出不穷，而另安排的费用要邀请教师自担。为了应对勤助生有可能应付不了的问题，建议由邀请教师安排懂相关国家语言的勤助生，最好是有一定理解能力的研究生。第一年，教务处没有要求必须是教务处安排的限制时，本人作为邀请教师安排了几个会日语的学生。不仅几个学生去听课，她们之间轮流安排，最后勤助费用按天数分配，所有行政程序由她们去沟通，本人并未感觉不畅。第二年教务处安排本科生，各种工作全部变成本人的负担，无法搞清自己是教授还是行政人员，承担了国际课程实施中的行政事务。关于勤助生，本人认为应由授课教授安排为主，教务处安排为辅，便于勤助生和教授的沟通。

2. 研究生暑期国际课程

我校研究生课程由研究生院统筹安排研究生教学、科研等，非学校教务处安排。在研究生国际课程教学秩序的安排上，虽然未出现本科国际课程教学安排上的问题，但是依然存在行政辅助功能不完善，行政管理上的问题。首先，存在国际课程筛选标准不清晰的问题。校内教师积极响应学校的号召申请了 20 位教授的课程，其中只有 10 门开课，其标准未详。2019 年本人第一次在研究生院申请了国际课程，申请了两名外籍教授的课，其中一门被选入、另一门课未被选入。邀请的韩国梨花女子大学吴守根教授的"国际破产法课程"顺利开课，因考虑到教授是韩国籍，本人安排了会韩语的研究生任助教。其次，财务报销问题依然存在。虽然不要求提交预算表，但是给每个院按照人数汇入了总金额，而研究生院未通知院里，依然存在研究生院财务、学校财务处、院财务系统在行政衔接上不畅通的问题。研究生院国际暑期课程经费为每位教授 4 万元，直接汇入具体授课的院的财务账上。作为邀请教师，外籍教授马上就要来中国，而研究生院称费用已经汇入授课的院里，院里回复没有，因为该院有 4 位外籍教授，共 16 万元，院里汇入的款项多，财务人员没搞清楚是什么费用。因 7 月份小学期实施值班制，各个院的财务人员也不是每天都坐班，在确认费用上用了两周。住宿也自然由本人预约，暑期为旅游旺季，各酒店住宿费有所提高，出现了超出住宿标准的问题。外籍教授的报到程序应该是行政管理上的行政程序，在报到程序中各院应收集外籍教授的国际旅费单据、交给外籍教师校内临时一卡通、安排外籍教师临时办公室，介绍其他公共设施，便于使用，包括图书卡在内。行政管理程序的不完善严重加重了邀请教师的负担。我校办公用房紧张，但至少要有共同的休息间。本人作为邀请教师、委托熟人暑期授课期间借用办公室安排课间休息，在未及时交付一卡通的情况下，垫付并借用一卡通。概言之，研究生院国际课程、本科生国际课程安排虽然在不同环节出现问题，但是存在的共同的行政程序衔接、教学行政辅助机关分担不明的问题。

3. 集中授课模式存在的问题

我校国际课程采取集中授课模式。集中授课，便于邀请国外教授短时间内完成授课任务，学生在短时间内了解国外法律制度及国外授课模式。在国际课程实施过程中发现效率与授课时间的安排紧密相连。授课时间安排合理，可以给更多的学生提供选课机会，选课学生会增加，授课时间与其他校内教师讲授的必修课等冲突时，有的课只有 1 名学生选课。而我校规定每门课由 12 名学生选课方能开课。比如，"国际保险法"课，一般安排在春季第二学期，授课外籍教授连续两年选择第八周，在一周期间授课32 课时，周一至周五每天安排五个课时，周六安排 7 课时，而我们的学生平常不可能上集中课。因为或者与其他课程冲突，或者与实习时间冲突。为了该课程的顺利开设，调动全体商法所教授呼吁学生选课。为了达到真正的国际课程教学效果，时间安排应合理，选课学生人数要多是最基本。因此，应在 7 月份第三学期国际暑期还是安排在第一学期、第二学期，如何调整能够达到相乘效应，应不断改善并调整集中授课与授课时间。

（二）国外教授的课酬：教务与财务程序严重不衔接

关于国外教授的课酬，如前所述给本科生授课时教务处将全部费用按课题费的形式直接汇入校内教师账户中，研究生院汇入开课的院系。这种机制人为导致在教学辅助功能中财务系统与教务系统隔离，本应由校内原有的教务与财务衔接系统，财务报销负担、课酬的计算变为邀请教师个人的工作负担，在国际课程实施中为什么改变原有教务体系本人一直持有疑问。

存在教务处与财务处行政安排衔接不畅的，邀请教师在外籍教授来华的前后一直忙于财务报销。邀请教师的作用应停留于邀请阶段，来华之后应由学校行政程序衔接，但严重存在教学行政辅助功能不协调的问题。如长期依旧，有可能产生校内教师们不邀请国外教师的问题、国外教师不理解国内行政系统，严重脱离国际化的校内行政程序，直接会导致国际课程受阻。

外籍教师依托在校内教师名下，从4月份申请国际暑期课程阶段开始，增加邀请教师的负担。第一，产生财务负担。关于本科生外籍教师，教务处要求邀请教师提交预算表（外籍教师国际差旅费、住宿费、讲课费、市内交通费、打印费等预算表的提交，一般预算为人民币3万元左右），如预算有变化也无法变更全部收回。是否必须要这么做，从不同"院"和"处"管理方式上可以看出并非必须。研究生院未要求提交预算，把每位外籍教授均4万元费用直接打包给邀请教师，因而邀请外籍教师给研究生授课，省去了提交预算表的负担，但也出现了另外一个行政衔接上的问题，此问题上文研究生国际课程部分已有涉及这里不再赘述。如何在减轻邀请教师负担的情况下，实施国际暑期课程是教务处以及研究生院应考虑的首要任务。第二，邀请教师不应负责琐碎的行政程序上的安排。从住宿预约开始都由邀请的教师承担烦琐的工作。外籍教师来京之后，中国作为礼仪之邦，欢迎、欢送、赠送礼品，而这一费用也由邀请教师本人承担，预算中无餐费标准。报销程序就更不用谈有多么繁杂。在本科生国际课程中，如前所述3万元经费以课题费的名义汇入邀请教师课题费中，以票、单据报销。教务处负责，教务处就应有统管报销的财务人员，不应让教师个人负责办理报销手续。教师不懂财务程序，财务处实施值班制，存在外籍教师要回国，还报不出费用的问题。在外籍教师逗留期间，邀请的教师基本在办理报销手续，如果办不下来垫付。第三，邀请教师的福利是否为真正的福利？邀请教师安排国际课程可获得16课时，但考核时不计入，是给16课时补贴的意思还是什么解释不详。3万元费用的安排上，邀请教师自行安排，自行根本没有灵活性，自行安排自然失去了意义。

为解决这些问题，在程序上、职责上应明确。我校存在把教授作为行政人员对待的问题。全世界通用的做法是校内教授要接收外籍教授，这点无可厚非。只是，后续行政程序不应由接收教授承担，行政程序上也应与国际化接轨。如日本早稻田大学国际教授因涉及签证、外国人管理等问题，外籍教授到本国之前，统一由国际交流处负责受理住宿申请。落地以后直接去办理入住手续，先到国际交流处报到，以便国际交流处进行人员管理。之后，到授课所在院里报到，院里的行政人员负责一切相关行政手续（办公室的安排、助教的安排、打印、复印、教室的安排、报销手续的安排等），邀请教师不参与任何行政程序。在院内课时计算，国际教授的课酬依然由教务负责人承办报送财务系统，国际旅费等一系列费用的产生通过助教转交给院国际交流负责人，由国际交流负责人负责一切在华产生的单据，转交给院财务报销，包括酒店预订在内。要充分发挥国际交流负责人的作用，不能停留在转述、转达文件内容。

二、外国专家项目与讲座模式授课效应

我校外国专家项目的实施主体为邀请教师、外籍教授、国际交流处，以讲座形式授课。外国专家项目分为短期项目和长期项目。短期项目通常来华一周左右，要求做三次以上讲座，长期项目累计在华期间要达到90日以上。短期外国专家项目深受外籍教授们的欢迎，学生也毫无负担地根据自己的时间，选择听讲座，教师们也可以根据研究内容与国外教授进行学术交流。长期外专项目因为是90日，很多外籍教授虽感兴趣，但是时间上很难安排，建议调整长期外专项目时间。长期外专项目设为90日的依据并不明确。

外籍教授来华之前，报讲座题目，题目为各个学科的前沿问题以及我国在立法方面、司法适用方面关注的专题为主。比如：2018年外国专家项目选择国内商法学界关注的"商法总则以及商行为"方面的讲座。日本因为是民商分立体系，有独立的"商法典"。邀请早稻田大学的商法教授尾崎安央教授和日本一桥大学的酒井太郎教授，讲授了日本商法的最新动态。尾崎安央教授的"日本商法典的解构"刊登在《中国政法大学学报》

上，也为我校学术期刊的国际化作出了贡献。2019年10月韩国梨花女子大学的吴守根教授应本人要求，以"韩国个人破产法制度""破产法与民法的区别""上市公司重整"为讲座题目，本科生为对象，随堂讲座方式授课。在随堂讲座中，授课教授主持点评、加之翻译，吴守根教授不断提问与中国法做以比较，学生踊跃发言，进行了友好的互动。在互动过程中学生不断思考、确认已学过的知识，教授不断与中国法相关规定做以比较。2019年5月早稻田大学的大冢英明教授讲授"日本的股份回购制度""公司治理""企业收购"制度，与我国2018年10月修改的股份回购制度比较、公司治理的最新修改内容与我国现有模式作比较、企业收购中的股东利益、董事的反收购措施、董事责任、经营判断原则适用、资本制度等。原本学生只看二手资料、通过翻译的资料学习，但是这一系列的国际课程，让学生能够真正了解到国外制度设计背景、修改目的，制度适用中的问题通过教授对国外案例的解释，法条的解释，加之校内教授的点评可进一步深入了解。我校外国专家项目与国际接轨，尤其是在形成程序上校内接收的教授提交相关申请之后，一切由国际交流处安排。国际交流处负责教学行政辅助，住宿预约、讲课费结算与邀请教授无关，邀请教师完全脱离教学行政辅助程序，只是在讲座方面做一些教学安排即可。如果经费允许，希望日后考虑，无法英文授课的教授安排讲座翻译时，支付讲座补贴以及餐补、勤助费用比较合理。日本早稻田大学的讲座费与我校目前标准基本近似6万日元（按目前汇率人民币相当于3600元左右），加之2万日元（按目前汇率人民币相当于1200元左右）翻译费、2万日元餐补，外籍教授的讲座由比较法研究所统一安排，此方式可借鉴。

三、国际比较法课程改善建议

外籍教授走入法大本科生课堂、研究生课堂，与学生实现了零距离的国际化的授课与交流，这是好事。为进一步提升外籍教授授课效果，使学生获得更多益处，提出如下建议。

（1）区分本科课程与研究生课程。本科生与研究生在自身知识储备水平上有很大区别，本科生大多刚学甚至还未学具体部门法，建议开设概论、导论式课程。研究生已经具备基本法学知识尤其是对于中国法比较了解，建议外教以专题形式讲授而引发研究生的比较思考，也有利于研究生从中把握外国法发展趋势，甚至可以帮助学生选题。

（2）区分外国法与中国法。我校以法学为专长，而法学教育研究又以比较法研究不可或缺。在国际课程中尽量鼓励外教将自己专长的部门法讲得精细、透彻。

（3）多样化形式开展国际课程。目前除了一般的授课，还有讲座形式。鼓励以公开讲座形式，就特定主题由我校相关中国法专家与此外国法专家同台交流，实现最直接的比较法交流，也算是比较法研究的真实鲜活范例。这既在学术研究上有交流意义，也在对学生比较法研究视野的培养上有教育意义。

（4）事前公开授课安排、授课资料，事后收集学生反馈，对聘请教师作调整，对于学生反应不好，授课确实不妥的，可以考虑建立反馈名单，明年在决定聘请时慎重考虑。

（5）继续扩大国际课程教授队伍。通过国际暑期课程，学生方便直接与国外一流高校教授取得联系，跨进留学手续第一步，需要提前得到国外教授认可的手续。很多教授也希望在政法大学录取优秀的学生。新加坡国立大学的魏铭声教授经本人邀请来政法大学授课2周，开设"国际破产法课"。期间专门给学生开了留学说明会。2019年我校申请新加坡国立大学硕士课程的学生前所未有的增加，实现了供需双赢的效果，贡献于双方学校的国际化。

结 语

综上所述，我校国际课程采取以本科生、研究生短期集中授课模式和外籍教授来华讲座模式。国际课程的教学秩序，与校内教师的辅助、教学行政辅助机构的支持与服务、外籍教授的授课、助教的辅助、翻译辅助（非英文还需翻译）、教学时间的合理安排是分不开的。尤其是，本文中提到教学行政辅助机构之间的不同行政程序与管理模式，对国际课程的推动、促进作用是不同的。教务处与研究生院应取国际交流处的行政管理模式之优势，弥补管理上的短板。从学校角度而言，也需要统筹安排国际课程，不同部门进行不同模式的行政管理，不能如此分散管理秩序混乱。从外籍教师的进入程序、讲授过程、到结束过程，要进行全面管理。进入程序应包括报到、校内生活教学的统筹安排，讲授过程应积极辅助教学活动，结束之前完成讲课费的汇入以及旅费单据的报销等一系列的财务报销程序。目前，我校给邀请教师一定补贴方式（报 5000 左右的费用、16 课时补贴)，将教学行政辅助工作推给邀请教师，明显是不合理的。邀请教师所承担的接待任务以及教学辅助的补贴与外籍教授的课时费以及经费因分离，不应混在一起。邀请教师补贴与外籍教授费用的统合，学校行政机关不作为的发挥教学行政辅助功能。教学与行政辅助功能的定位在国际课程实施中发挥至关重要的作用，是不容忽视的。

德语文学课教学探究*

张珊珊**

一个民族的文学，诉说着这个民族最本真的心灵和精神特质。文学中除了瑰丽的想象、多样的生命经验，还承载着民族精神；读通西方文学，可以帮助打开西方文化之门。另一方面，从更广意义上讲，文学教育也恰恰同当前高校教育改革中所倡导的通识教育理念契合。文学作为"无用"之学，却最能以无声的力量触动人的内心，丰富学生被应对考试和获取职业技能的工具理性所压抑的感性维度，形成悲天悯人的胸怀，播撒滋养青年人一生的心灵养料，推动塑造完整的人。

一、德语文学课的专识与通识

文学教育对于大学人文通识教育来说具有必要性，那么具体对于本文所关注的大学本科德语专业来讲，文学课更具有必要性。上海外国语大学德语系卫茂平教授2014年的一项研究中曾明确重申"德语"专业完整的学科名称应是"德语语言文学"，而此学科的现实状况是，文学课被极度弱化；卫茂平根据对全国53

* 本文为教育部人文社会科学研究青年基金项目"启蒙晚期（1770—1830）德语文学中的时间诗学"（17YJC752042）、中国政法大学青年教师学术创新团队项目"欧美文学与文学理论前沿"（18CXTD07）的阶段性成果。
** 张珊珊，中国政法大学外国语学院讲师。

所大学德语本科培养方案的对比发现，德语专业教学的重点在语言训练，文学（还可加上德国历史和概况）仅是点缀。[1]而对于德语语言文学专业来说，文学课的必要性是双重的：

首先，德语文学课应是本科德语专业不可忽略的核心课程之一，缺失了德语文学的德语专业本身是流于表面、失去支撑的，德语专业或曰德语语言文学本科学生必须初步掌握一些文学阐释素养；这一点不难理解，正如中国语言文学专业那样，以北京大学中文系本科为例，其必修课中约高于30%的课程是文学相关课程，包括文学史、文学理论、文学概论等。[2]

其次，德语文学课本身应含有打通学科壁垒的人文通识、博雅会通的底蕴，除了应具备专业性之外，还要兼有通识视野。这双重特质的必然性在于，首先就我校而言，中国政法大学充满法律思维、法学学养，在这种探求真理的氛围中，文学不应是局外人，德语文学课的授课似乎也不应把自己完全孤立于法学、史学、哲学等姊妹学科之外，文学课教师首先是一名文学研究者、文学批评者，既要有像博物学家那样广博的视野，又能有对文学理论、文学史、文学批评方法和实践的专业性把握。第二，鉴于我校本科德语专业学生多数兼修法学第二学位，不少学生也会继续接受法学专业的研究生教育。德语是他们在法学领域阅读、学习或做研究的重要工作语言，也就是说，多数同学并不会继续读德语语言文学专业研究生，只有个别学生继续坚持攻读德语文学或德语语言学等方向的硕士。面对学校这样浓厚的法律学习、法学研究的环境，以及现实中社会对职业人才的需求走向，德语文学课恰恰更不应被忽视，德语文学课本身也应在这一语境中进行调适，探索更有效的教学方法。

中国政法大学德语专业的文学相关课程在大三、大四年级开设。目前，大三年级第一学期设有《德国文学史》课，大四年级第一学期设有《德语文学精读》课。《德语文学精读》的前提是学生有一定的德国文学史

---

〔1〕 参见卫茂平：《外语专业中文学课的地位及其他——以德语本科为例》，载《中国大学教学》2014年第2期，第53页。

〔2〕 参见《北京大学本科教学计划（2019）·文科卷》，北京大学教务部2019年版，第6~15页。

知识。德语文学课应如何讲授，是一个值得思考的问题。它首先要保持德语文学的基本阅读、阐释训练，融入文学理论，最终不能脱离德语语言文学学科的培养要求。再者，一定要有前述所言的通识视野。博雅汇通要有专业基础，而专业领域的学习也应始终以融通人文通识为指引。文学书写本身与文化、历史无法切割的特性，也为这种"大人文"的融通提供了可能性。

二、德语文学课的课堂教学实践

德语文学课的授课内容一般囊括德语叙事作品、德语诗歌、德语戏剧、德语文学理论等，可以选择合适的教材，并可以结合教材补充某些作品选读。在具体面对德语文学初学者时，鉴于课堂教学的可操作性，国内一些高校的德语本科文学课都以诗歌、中短篇小说为例来进行文本理解和阐释的训练，因为这两种体裁短小精悍，又不乏经典之作，学生在阅读时所需时间更适合每周一次课的教学节奏。戏剧和长篇小说一般篇幅较大，德语文学初学者阅读原文时困难大，几乎很难在同时上课的节奏下完成600~700页的长篇小说，[1]学习积极性容易受挫，此外，课堂时间有限，在学生未读完原著的情况下讨论长篇小说有难度，效果也不理想。面对这种现实情况，《德语文学精读》课也选择中、短篇小说和诗歌作为阐释、讨论的范本，穿插引入文学理论。德语文学课授课目标是让德语专业的学生习得阐释文学文本的基本素质；引导学生学会运用理论，寻找文学文本分析的切入点；锻炼学生自主进行文本细读、文本分析的能力；指导学生在文本内细读的基础上，有意识地观察文学文本与文化历史文本之间的关系，从而挖掘文学文本所传递的更为深刻的文化历史意义。

下面以启蒙时代德国作家海因里希·封·克莱斯特（Heinrich von Kleist）的中篇小说《智利地震》（*Das Erdbeben in Chile*）为例，探讨德语文学课教学方法。

---

〔1〕 德语长篇小说经典之作，如歌德的《威廉·麦斯特的学习时代》，托马斯·曼的《魔山》，冯塔纳的《施笤西林》等，在篇幅上都是如此。在德国高校的德语语言文学专业设置中，类似这样大部头作品一般在基础阶段的讲座课（Vorlesung）上会有概论讲评。

(一) 文本细读——文本内阐释

文本细读及在此前提下的文本内阐释（textimmanente Interpetation）是德语专业学生的基本功，也是所有文学批评、文学阐释、文本分析的基础。首先应要求学生上课前已经阅读完《智利地震》的德语原文，熟悉文本，这样课堂上才能真正参与讨论。克莱斯特的中篇小说（Novelle）往往情节离奇，故事一波三折，具有很强的可读性。开启课堂讨论时，可以先从最直观的问题入手：阅读这篇叙事作品的过程中有什么感受？遇到了哪些困难？接触过克莱斯特哪些作品？……在与学生问答中，有可能还会简短涉及作家克莱斯特本人及其创作特点的基本介绍，教师可以引入。

之后，引导学生进入思考正题：小说主要表现了什么、展示了哪些值得关注的问题？或者让学生说出小说中值得推敲的语句、段落；或者从叙事学角度入手，先让学生找出叙事者的叙事行为（Erzählverhalten）是哪类、叙事立场（Erzählhaltung）如何、表现方式（Darbietungsweise）是什么，[1] 叙事结构有什么特点；小说中有哪些隐喻或象征等关于文本内部的问题。

从学生的回答中，教师梳理出理解小说、文本分析时可能的关键词并板书，如暴力、突然性、偶然性与秩序、不可预知性、例外状态、意义的反转、人物特质，等等。这个问答和梳理的过程，就是在向学生展示文本分析、文学批评的思考起点和可能路径。这些关键词中，很多本身就已经蕴含着理论视角。面对文学文本时的理论敏感性需要学生慢慢体认和习得。当然，任何真正好的文学批评、文本分析都不是对理论的机械套用，理论不能代替文学本身的多样性、复杂性。同时，好的文学批评本身又兼具理论性和文学史视野。文学阐释立足于读者的阅读感受，在此基础上以理性语言进行逻辑地分析，继而得出认识；文本分析、文学批评不应是散

---

〔1〕 叙事行为 Erzählverhalten 大致分为全知全能（auktorial），中立（neutral）和人物自身（personal）。叙事立场 Erzählhaltung 可能有中立、讽刺（ironisch），批判（kritisch），认可肯定（bejahend/affirmativ），戏仿（parodistisch）等；表现方式 Darbietungsweise 包括叙事者评论（Kommentar），平铺直叙（Bericht），描述（Beschreibung），内心独白（Innerer Monolog），间接转述的人物内心独白（Erlebte Rede）Vgl. Gutzen, Dieter/Oellers, Norbert/Petersen, Jürgen H.（Hrsg.）: *Einführung in die neuere Literaturwissenschaft*. 7. Auflage. Erich Schmidt Verlag. Berlin 2006. S. 56.

漫的读后感。对此，20 世纪西方重要的文学理论家、批评家勒内·韦勒克在 1949 年首次版的《文学理论》一书中也已提出，文学研究者必须将他的文学经验化成知性的（intellectual）形式，并且只有将它同化成一套连贯的、理性的体系，它才能成为一种知识。[1]学生所要做的文本分析，正是一种微型的文学研究，应当让他们意识到文学研究是一种科学，务必应秉承一种科学精神来做阐释实践，阐释的过程就是形成认识、发现知识的过程。用韦勒克的话说，文学研究者虽然面对包含大量非理性因素的研究材料，但是他的地位和作用与社会学家、解剖学家无异。[2]

　　另外，课堂讨论中还可以适当给学生 5 分钟时间准备口头复述文本内容。内容概述的能力是文学初学者需要练习的文本阐释基本功之一。对某语篇内容的复述实际上在大一大二的基础阶段也已经有过训练，学生已有一定的基础。文学课课堂讨论理想的效果是能够帮助学生打开视野，激发学生看到初始阅读时没有看到的东西，或者加深学生对文本某一方面的理解，使其在自己进行阐释时能够有感而发、有话可说、言之有理。教师引导课堂的讨论可以比喻为铺路架桥，真正过桥的行动，还必须由学生自己来实践，正如"一千个人眼中有一千个哈姆雷特"所启示的那样，每个学生对文本都会自己不同的理解，教师不能、亦不可能替学生定一个标准答案。文学文本意义的开放性决定了文学批评的开放性，同时也决定着文学课讲授在一定程度上的开放性，这对教师来说也是挑战。课堂讨论作为一种初步阐释，学生们参与讨论时思维活跃，观点视角繁多，散落如星星之火，形式还不够严谨，尚未成为连贯的体系，最终的阐释行动需要付诸学生的书写实践。文本阐释要留作课后作业，提醒同学们写作这篇小论文时，语言风格应中立清晰，结构应严谨，避免读后感式、散文式；如果没有把握，可以先练习从内容概述写起。

　　出身贵族的唐娜·约瑟菲·阿斯特隆（Don Josephe Astron）不顾父兄

---

〔1〕　参见［美］勒内·韦勒克、奥斯丁·沃伦：《文学理论》，刘象愚等译，浙江人民出版社 2017 年版，第 3 页。

〔2〕　参见［美］勒内·韦勒克、奥斯丁·沃伦：《文学理论》，刘象愚等译，浙江人民出版社 2017 年版，第 3 页。

阻挠，坚持与家庭教师荷罗尼莫·鲁格拉（Jeronimo Rugera）相恋，父亲强行断绝二人关系，将约瑟菲送往女子修道院。之后因为"偶然"（"Zufall"），荷罗尼莫重新找到了约瑟菲，珠胎暗结，生下了菲利普（Philipp）。

荷罗尼莫是为何能再次与约瑟菲相聚的，叙事并未交代，而是归因"偶然"，一笔带过。未婚生子的约瑟菲先被大主教判处火刑，后改判绞刑，荷罗尼莫被关入监狱。故事开端的扼要交代地震发生时两个恋人的危险处境，似乎整个世界的人都要将他们置于死地。一切的起因是因为约瑟菲的父亲对这桩恋情的强烈反对，克莱斯特并没有明确说明老阿斯特隆如此不满的原因，但是不难看出，这桩婚恋僭越了阶级界限，贵族的约瑟菲不该下嫁身无分文的家庭教师。

地震发生时，正是约瑟菲被送往刑场、荷罗尼莫因救人无望、将要自缢的时刻。地震时街道房屋倒塌，城市陷入大火，行刑队伍被冲散，约瑟菲奇迹般获得了自由，再寻得孩子菲利普后，逃到了城外；地震也打断了荷罗尼莫正要挂起绞索的行为，在天崩地裂的巨响中，他"惊恐不已，整个意识仿佛全部消失"[1]，而后本能地从监狱坍塌后偶然形成的缝隙中逃出，并穿越地震引发的坍圮和大火，逃到了城外空旷的自然中，在这里，两人终于相遇。

人物万念俱灰的求死之心在地震瞬间变为求生的渴望、罪与无罪、死与生，这种从一个极端到另一个极端骤然反转的动因是一个谜；极端性、不可知的、正反两副面孔的、悖论的世界是《智利地震》叙事所透露给读者的重要信息。小说把地震设为整个故事情节的发生背景，是一个最为深刻的隐喻，它指向对立两极之间的突然翻转。此外，地震作为自然灾难，侵入并打破了小说中人类社会的生活秩序和权力秩序，地震中的宗教、领主、父权对两个主人公的压制被暂时地颠覆。象征着宗教神权、国家机器的暴力、父权等层层权力的建筑物纷纷坍塌，它们的废墟景象通过逃脱了

---

[1] 参见［美］勒内·韦勒克、奥斯丁·沃伦：《文学理论》，刘象愚等译，浙江人民出版社2017年版，第127页。

死刑的约瑟菲的目光来呈现，这凸显了一种怪异的反转。曾经的审判者被地震这一自然暴力判了死刑，被判死刑者成为他们"死刑"场面的观看者："没走几步，她看到人们抬着大主教的尸体迎面走来。尸体从大教堂的废墟中拖出来时，已是血肉模糊了。总督的官邸已经倒塌，对她宣布判决的最高法院现在也是一片火海。她父亲的宅院现在成了水塘，还呼呼地冒着淡红色的水泡。"[1]

正是在这些旧的权力网络的共谋下，约瑟菲被认定有罪，最初大主教对她处以火刑，经过各方求情才减为绞刑。而地震时，大主教被砸死，最高法院本身陷入火海；法院被烧，让人不得不想到约瑟菲本要遭受的"火刑"，法院在此实际遭受了"火刑"，这种反转折射出的正是小说中正义与邪恶、有罪与无辜等对立关系的实质内涵被悬置、被抽空，二者完全有可能突然互相转化，而这种转化在小说中似乎没有任何原因和目的。另外，将约瑟菲赶出家门的父亲，也不知所踪；变成红色水塘的宅院所昭示的无疑是死亡和毁灭。判约瑟菲有罪以及对其量刑定罪的所有这些权力本身是否具有正义性、是否有资格去代表公正，这一点被叙事的暗喻所质疑。小说中的世界，根基被动摇，意义框架也犹如经历了地震，不断倒塌、翻转。

城外山谷里，荷罗尼莫幸而找到了约瑟菲，这里在约瑟菲看来仿佛是"伊甸园"（Eden）[2]。地震中逃出的其他市民们也似乎在这里一度组成了新的社会、形成了新的秩序和道德。

约瑟菲和或荷罗尼莫遇到了熟人唐·费尔南多一家。这种与旧社会关系的相遇是旧的秩序随时可能复活的第一次提醒。叙事中的诸多细节，比如唐·费尔南多妻子唐娜·艾尔维拉对约瑟菲处境的善意关切、约瑟菲闪烁其词的疑虑、唐娜·伊丽莎白的反常不安等，都围绕着一个似乎无人愿意言说的沉重秘密，同时也预示某种不测。因地震突然降临而消失的死刑

---

〔1〕　［德］克莱斯特：《智利地震》，载《O侯爵夫人——克莱斯特小说全集》，袁志英译，上海译文出版社 2010 年版，第 125~130 页。

〔2〕　Heinrich von Kleist: *Das Erdbeben in Chili*. In: Ders.: *Heinrich von Kleist. Erzählungen. Studienausgabe*. Andrea Bartl（Hrsg.）. Reclam Verlag. Stuttgart 2013. S. 170-187. Hier S. 176.

判决隐约又回到了主人公的意识中，旧的秩序并没有消失。不过，叙事把这种真实的危险埋入意义深层和人物潜意识，人物自己所继续经历的以及读者继续在叙事表层看到的，是一种天堂的假象："约瑟菲只觉得自己是置身于善良人的中间。她心中油然生起一种挥之不去的感觉，过去的一天虽然给人世带来了那么多苦难，却依然是上苍赐予世间前所未有的恩惠。确实，在人的尘世财富全都毁于一旦，全世界就要倾覆的恐怖时刻，人类精神自身却仿佛一朵美丽的鲜花盛开。一片片田野上，目及所见各个等级的人混杂地躺着，王侯和乞丐，贵妇和农家女，国家官员和临时工，修士和修女，互相同情，彼此帮助，他们都乐于把抢救出来、赖以活命之物分享他人，仿佛这场浩劫把所有幸存者变成了一家人。"[1]

这里有必要附上德文原文，从叙事的修辞可以更明晰地看到这种和谐景象的虚假性："Ein Gefühl, das sie nicht unterdrücken konnte, nannte den verfloßenen Tag, so viel Elend er auch über die Welt gebracht hatte, eine Wohltat, wie der Himmel noch keine über sie verhängt hatte. Und in der Tat *schien*, mitten in diesen gräßlichen Augenblicken, in welchen alle irdischen Güter der Menschen zu Grunde gingen, und die ganze Natur verschüttet zu werden drohte, der menschliche Geist selbst, wie eine schöne Blume, aufzugehen. Auf den Feldern, so weit das Auge reichte, sah man Menschen von allen Ständen durcheinander liegen, Fürsten und Bettler, Matronen und Bäuerinnen, Staatsbeamte und Tagelöhner, Klosterherren und Klosterfrauen: einander bemitleiden, sich wechselseitig Hülfe reichen, von dem, was sie zur Erhaltung inres Lebens gerettet haben mochten, freudig mitteilen, *als ob* das allgemeine Unglück Alles, was ihm entronnen war, zu einer Familie gemacht hätte. "[2]

叙事者只是描述"目及所见"的景象，scheinen（叙事过去时 schien），als

---

〔1〕 ［德］克莱斯特：《智利地震》，载《O侯爵夫人——克莱斯特小说全集》，袁志英译，上海译文出版社 2010 年版，第 133 页。此段译文在引用时稍有改动。

〔2〕 Heinrich von Kleist: *Das Erdbeben in Chili*. In: Ders.: *Heinrich von Kleist. Erzählungen. Studienausgabe*. Andrea Bartl（Hrsg.）. Reclam Verlag. Stuttgart 2013. S. 170–187. Hier S. 179. 斜体加粗的格式是笔者所加。

ob 等语词表达的是一种表象，且 als ob 从句的第二虚拟式语态在德语语法中指非现实的事情；真相如何，叙事并未揭示。虽然《智利地震》采用第三人称叙事，叙事立场客观，叙事行为主要是中立的、间或出现人物自身视角，表现方式为平铺直叙或间接转述的人物内心独白。但是，小说正是以这样冷静客观的叙事者造就了使文本意义丧失确定性的叙事，产生形式与意义的巨大反差。

悖论是《智利地震》的架构，也可以说是克莱斯特全部创作的离奇之处。德国有研究者也指出，《智利地震》属于带有时代标志的那些作品之列，第一眼看上去，它表现为传统的、富有历史色彩的、情节详实的故事，故事完美无缺的事实性使得一切都是确定的，但它却有着异于这种紧凑事实性的独特性。[1]的确，小说借助历史上智利大地震的真实事件作为结构性素材，[2]叙事看似对史实细节的掌握涓滴不遗，与寻常的历史故事无异，但若细读，叙事中的晦暗不明之处也很多。像前述的"es schien"（似乎），"es war, als ob"（好像）等叙事结构常常出现，叙事的真实性被相对化，变得模糊、不确定。约瑟菲和荷罗尼莫在唐·费尔南多（Don Fernando）一家人的友善面前感到重新被社会接纳的幸福，在城中有消息传来，"在城里唯一未被破坏的多明我会大教堂由修道院院长亲自主持一次隆重的弥撒，祈求上苍不要再给城市降临灾难"[3]，约瑟菲面对唐娜·伊丽莎白（Donna Elisabeth）对危险的提醒，竟然"立即站起身来，有些激动地说，正是造物主施展他不可思议、高深莫测的威力的现在，她觉得自己比任何时候都更加渴望埋首跪在主的面前"[4]。正如前述那些被忽略

---

〔1〕 Vgl. Norbert Altenhofer: Der erschütterte Sinn. Hermeneutische Überlegungen zu Kleists, *Das Erdbeben in Chili '*. In: David E. Wellbery (Hrsg.): *Positionen der Literaturwissenschaft. Acht Modellanalysen am Beispiel vom Kleists Das Erdbeben in Chili*. C. H. Beck Verlag. München 1985. S. 39 - 53. Hier S. 45.

〔2〕 《智利地震》对智利大地震的叙事与真实历史当然是不同的，克莱斯特把地震的时间放在 2 天内。

〔3〕 ［德］克莱斯特：《智利地震》，载《O 侯爵夫人——克莱斯特小说全集》，袁志英译，上海译文出版社 2010 年版，第 134 页。

〔4〕 ［德］克莱斯特：《智利地震》，载《O 侯爵夫人——克莱斯特小说全集》，袁志英译，上海译文出版社 2010 年版，第 134 页。

的不祥预感所暗示的那样，死刑的判决没有真正消失，只是被推迟；旧的
秩序依然存活，多明我教堂的幸存就是旧秩序的标志。唐·费尔南多与怀
抱他孩子小胡安（Juan）的约瑟菲走在前列，唐·费尔南多的妻妹唐娜·
康斯坦岑（Donna Constanze）与怀抱小菲利普的荷罗尼莫跟随其后，这样
的6人组合进入城中参加弥撒。[1]从进入多明我教堂开始，被推迟的死
刑就重新开始了。从地震开始时到现在，地震在约瑟菲和荷罗尼莫两人
的个人层面是一种神恩的拯救，他们感谢上帝的救命之恩。在城外山谷
时，"为了避免他们内心的欢欣给他人带来不快，两人带着孩子悄悄地
溜进了茂密的树林"[2]。此处能够清晰地看到二人对地震的理解与其他
市民是对立的。但是，地震传递了什么信息，罹难的市民们在多明我教堂
中才刚刚反应过来。最老教士中的一个无名的人，宣判地震是由于约瑟菲
和荷罗尼莫二人在修道院做出的"伤风败俗之事"[3]，上帝在惩罚这个
城市的罪孽。至此，地震的含义又被反转，它被理解为上帝的末日审判，
继而再次归入旧秩序的意义系统之中。不同的只是，此时是失序的，一
个无名的教士就借助了旧有意义体系的力量宣判两个年轻人的死刑，而
一群暴民以正义之名随意屠杀就是行刑，宗教、法院等合法途径的审判
被私刑取代。此时，杀人的凶器是棍棒，而小胡安更是被鞋匠徒手扔出
去摔死。群氓的暴力屠杀骤然而起，似乎也只是1~2分钟的时间，犹如地
震，瞬间吞噬四条人命。克莱斯特对暴力升级细节的表达，笔触冷静，呈

---

〔1〕 约瑟菲怀抱胡安取代了孩子的母亲唐娜·艾尔维拉，站在了唐·费尔南多妻子的位置上。
而荷罗尼莫抱着自己与约瑟菲的孩子菲利普与唐娜·康斯坦岑同行，跟在约瑟菲与唐·费尔南多
之后。小说中人物的换位十分蹊跷，导致小说后面暴力升级时的身份混乱，暴民认不清谁是约瑟
菲、荷罗尼莫和两人的孩子菲利普，错杀了无辜的胡安、唐娜·康斯坦岑；人物换位也使小说叙
事的意义更加不确定。此外，德国有学者还指出，这种换位重新让人想起约瑟菲和荷罗尼莫之间
的社会等级落差，这个落差是一切不幸的根源，似乎随着旧秩序的坍塌才最终被消除。
Vgl. Norbert Altenhof: Der erschütterte Sinn. Hermeneutische Überlegungen zu Kleists, Das Erdbeben in
Chili '. In: David E. Wellbery（Hrsg.）: *Positionen der Literaturwissenschaft. Acht Modellanalysen am
Beispiel vom Kleists Das Erdbeben in Chili*. C. H. Beck Verlag. München 1985. S. 47.

〔2〕 ［德］克莱斯特：《智利地震》，载《O侯爵夫人——克莱斯特小说全集》，袁志英译，上
海译文出版社2010年版，第130页。

〔3〕 ［德］克莱斯特：《智利地震》，载《O侯爵夫人——克莱斯特小说全集》，袁志英译，上
海译文出版社2010年版，第136页。

现的却是人性极其残暴、最为丑恶的一面，这一幕是德语文学对暴力书写的极致。

《智利地震》的世界充满偶然性、不可知性，在叙事中，"突然"（plötzlich）、"偶然"（Zufall）、"恰巧"（es traf sich）等词常浮出语言表面，表征着原有状态的某种骤然逆转乃至破坏。小说叙事前面部分，读者隐约的感觉是，地震的发生可能主持了高于人间的某种更高级别的正义，推翻小说中旧的宗教神权和父权的压制，解救了勇敢打破门第、追求自由平等恋爱的两个年轻人，继而凸显了某种人文主义精神。但令人惊讶的是小说并非如此，后面的叙事进程不断推翻文本意义的确定性，地震最终被代表旧秩序的无名教士阐释为一种惩罚，这加重了两个年轻人的罪名，市民集体成为行刑的刽子手，上演了一场对伤风败俗者的血腥屠杀。《智利地震》充满否定性，反抗阐释；正如地震中崩坏的圣地亚哥城那样，一切牢固的意义都不再坚固。

《智利地震》的文本阐释有多种可能，在作业中首先力求规范学生的学术写作表达；即便有的学生观点不够成熟，教师批阅时也不宜以对错为标准。除非遇到大的误读，一般情况下不必对文本阐释的论点进行纠正，重点在于分析的过程。作业完成后，可以发 1~2 篇文本分析的范文给学生对照参考。

（二）历史文化视野中的文学文本

在文本内阐释之后，教师可以在第二次课上点评文本阐释作业，之后引导学生从文化历史的语境去理解《智利地震》。文学文本外的信息纳入文学阐释，也是重要的。文本内阐释是基础，不过仅仅局限在文本内做文章，可能一定程度上会出现自说自话的弊端，有的学生在阐释时也容易产生收获不大的感觉。将文学阐释放诸历史文化视野，就要结合小说涉及的相关主题，把小说放在其诞生时代的思想传统或思想史、媒介史、文学史等来谈。从治学方法来看，中国历史上一直有文史不分家的治学传统，而如今在通识教育思想中，人文学科本应彼此融通。德国学界从 20 世纪 70 年代兴起文学社会学研究；受福柯知识理论影响，90 年代兴起对文学与科

学史、知识史的关系研究〔1〕。文学与文学外部其他各知识系统之间的历
史性互动，是目前德国学界文学研究的焦点；在此意义上的文学研究同时
也是一种文化研究。

　　克莱斯特这篇小说写于他在柯尼斯堡的一年间，并于 1807 年首次发表
在图宾根的《雅士晨报》（*Morgenblatt für die gebildeten Stände*）上，此时小
说名字并不是《智利地震》，而是叫作《荷罗尼莫与约瑟菲——1647 年智
利地震中的场景》（*Jeronimo und Josephe. Eine Scene aus dem Erdbeben in Chili,
vom Jahr* 1647），是克莱斯特出版的首个叙事作品。〔2〕1810 年，该小说被
收入克莱斯特小说集而再次出版时才被改名为《智利地震》。〔3〕小说名字
由两个主人公的名字变为自然暴力，这种变化突出了启蒙时代的一个关注
点，也就是人对自身、自然秩序的重新定位和理解。小说借用在当时看来
150 多年前的南美洲智利大地震的真实历史背景，讲述一个虚构的故事，以
文学的方式反思 1755 年里斯本大地震对莱布尼茨神正论的颠覆，〔4〕继而也
质疑启蒙哲学关于理性世界的基本观念。《智利地震》提出了神学、形而

　　〔1〕　Vgl. Nicola Gess/Sandra Janßen: Einleitung. Zur einer historischen Epistemologie der Literatur.
In: Nicola Gess/Sandra Janßen（Hrsg.）: *Wissens-ordnungen*. De Gruyter Verlag. Berlin, Boston 2014. S. 1-
18. Hier S. 1.
　　〔2〕　Vgl. Ingo Breuer（Hrsg.）: *Kleist - Handbuch. Leben - Werk - Wirkung*. Metzler Verlag. Stuttgart,
Weimar 2009. S. 114.
　　〔3〕　Vgl. Ebenda.
　　〔4〕　1755 年里斯本大地震引发了神学世界观的极度动摇，伏尔泰 1756 年的长诗《里斯本的
灾难》（*Poèm surle desastre de Lisbonne*）直接批评莱布尼茨的神正论。神正论认为，这个世界是所
有各种可能的世界中最好的世界。因此，世界上有恶，并不与上帝的善相矛盾。康德在其 1756 年
的《1755 年底震动地球一大部分的那场地震中诸多值得注意的事件的历史和自然描述》
（*Geschichte und Naturbeschreibung der merkwürdigen Vorfälle des Erdbebens, welches am Ende des* 1755sten
Jahres einen großen Theil der Erde erschüttert hat）也反对神正论。Vgl. Breuer: *Kleist - Handbuch*,
a. a. O., S. 115. 康德觉得神正论是人用自己的意志去描述上帝的意图："像上一次灾难在我们同胞
中所造成的如此之多的不幸者，他们的境遇应当激起我们的仁爱之心（…）但是倘若有人把诸如
此类的命运在任何时候都视为施加的惩治，这种惩治是蒙受踩躏的城市因其罪恶而遭受的；如果
我们把这些不幸者视为上帝复仇的目标，上帝的正义将其所有的愤怒之碗都倾倒到他们头上时，
人们对此是极为反感的。（…）这种判断方式是一种不可原谅的冒失。它自以为能够认出天意的意
图，并且按照自己的认识来诠释它。"［德］康德：《1755 年底震动地球一大部分的那场地震中诸
多值得注意的事件的历史和自然描述》，载李秋零主编：《康德著作全集第 1 卷·前批判时期著作
Ⅰ（1747—1756）》，中国人民大学出版社 2013 年版，第 445 页。

上学、历史哲学、政治学等各个层面的本质问题，但却没有给出回答。[1]
智利地震被用作一个隐喻，克莱斯特借用这次地震喻今讽今。

启蒙时代的思想史（如莱布尼茨的神学思想、克莱斯特受其影响极深
的康德哲学）、启蒙时代法学思想的变化、普鲁士 18 世纪的历史等方面都
是教师可以延伸讲解的内容。另外，还可以启发同学们观察《智利地震》
中基督教文化的痕迹。《智利地震》与《圣经》之间形成了互文性，前者
在描写约瑟菲和婴儿菲利普时，多次影射出圣经中圣母圣子的形象。对于
德国基督教文化的进一步了解，能够看到文学文本对于宗教话语的戏仿和
改写，帮助加深对该文本的理解。

三、结语

经典文学作品除了有着高度艺术性，也必然与其所在时代有着深刻的
对话。面对德语文学初学者，德语文学课授课既要训练他们的专业素养，
即文学文本细读、文本阐释能力；又要带有文化历史视野，使得文学课不
仅仅是欣赏课，而也应带动思考，获得认识。在当前的专业设置内，这对
教师来说是挑战。教师除了须有学科专业素养外，也要拥有跨学科的视野
和知识结构。对学生来说，他们既要认真参与课堂讨论，从中获得灵感，
又需要做好课下的阅读和写作训练，使灵感付诸笔端；此外，还要尽可能
地拓展文史哲知识面。

文学阐释是一项理解（verstehen）活动，而理解是每个人的个体行为，
教师无法替代学生去理解。所以，德语文学课的主体是学生，这对学生来
说同样也是挑战。教师的一切讲授，最终学生应开启自己的理解。

---

〔1〕　Vgl. Helmut J. Schneider: Der Zusammensturz des Allgemeinen. In: David E. Wellbery（Hrsg.）:
Positionen der Literaturwissenschaft. Acht Modellanalysen am Beispiel vom Kleists Das Erdbeben in Chili. S. 110–
129. Hier S. 116.

《德语文学与法律》课程的通识教育和跨学科教育意义[*]

李　烨**

一、引言

　　《德语文学与法律》课程以德语文学与法律之间的历史渊源和亲缘关系作为探讨的出发点，立足于德语文学研究以及国内外文学与法律研究的成果及动态，旨在培养文法皆通、德法兼修的复合型、创新型法律外语人才，积极响应习近平总书记"立德树人、德法兼修，培养高素质法治人才"的教育目标。从跨学科教育和通识教育的层面和高度出发，该课程不仅具有鲜明的跨学科特色，能够促进外语、文学和法律三个专业的融会贯通；同时，该课程也是一门凝聚了人文精神和现实关怀的通识课程。曹清燕认为，"当前研究生教育正面临全面提升人才培养质量的重大挑战，以'服务需求，提升质量'为主线的研究生教育改革重在凸出人才培养过程中的人文关怀与价值引导，立德树人日益成为研

　　* 本文系 2019 年中国政法大学研究生教育教学改革项目"《德语文学与法律》课程对法律外语人才培养的跨学科教育和通识教育意义"（YJLX1917）的阶段性成果。
　　** 李烨，中国政法大学外国语学院德语系讲师，硕士生导师。

究生教育的中心环节。"〔1〕在当前研究生教育改革的趋势之下,《德语文学与法律》课程及研究借力于我校丰富的法学教育资源和学生的法科知识优势,为德语文学的教学和研究开辟新的思想场域和外部研究视角,实现人才培养的创新与学科建设的创新,进一步彰显研究生人才培养中的人文关怀和价值导向。因此,无论从通识教育还是跨学科教育的角度出发,《德语文学与法律》课程的教学目标和教学内容都体现出了以"立德树人"为己任的时代担当。

二、文学与法律的人学本质

基于文学与法律自身的学科特点和专业特色可知,文学专业和法律专业都具有强烈的人文关怀和现实关怀,文学与法律这一交叉学科恰恰体现了通识教育的人文主义精神。德国法理学家马蒂亚斯·马尔曼(Matthias Mahlmann)〔2〕认为,法律与文学都具有人文主义精神,文学作品创造了一个人性化的世界,文学是人对迷失的自我的批判性反思;法律则尝试通过规则和机构对人类进行文明的自我克制。在我国,早在20世纪50年代,文艺理论家钱谷融〔3〕就围绕高尔基提出的"文学是人学"的命题对文学的人性品格进行了进一步的阐释。法学家周叶中在2015年指出,"法学归根结底是人学,是以人性为根基、自由为基础、权利为核心、正义为统领、发展为目的,集中体现人文关怀和人文精神的学问体系。"〔4〕可见,文学与法学的人学本质在各自学科内早已成为共识,然而文学与法律这一交叉学科的人学本质却没有引起足够重视。文学与法学在其本质上、根基上而言都是人学。同样,在中外通识教育的传统中,人文主义精神贯穿始终,其育人思想的核心是如何理解"人",培养什么样的人,如何实现这

〔1〕 曹清燕、彭娇娇:《立德树人背景下研究生导师"价值观引导者"之角色意识探析》,载《研究生教育》2020年第2期,第40~44页。

〔2〕 Mahlmann, Matthias: „Die wechselseitige Humanisierung von Recht und Literatur ". In: Kilcher, Andreas; Mahlmann, Matthias; Nielaba, Daniel Müller (Hrg.): „„ Fechtschulen und fantastische Gärten ": Recht und Literatur ". Zürich 2013. pp. 16-19.

〔3〕 钱谷融:《论"文学是人学"》,载《文艺月报》1957年第5期。

〔4〕 周叶中:《法学归根结底是人学》,载《北京日报》2015年11月23日,第19版。

样的育人目标。在我国，通识教育的传统可以上溯至孔子提出的"仁人"或"成人"的育人目标，"他所重视的不是片面的知识或能力，而是人的整个身心，特别是人的性情、道德与人格。"〔1〕德国哲学家康德认为，教育"要均衡地和有目的地发展人的一切天赋能力，从而把人类引向它的目标"〔2〕。总之，通识教育的育人理念注重人的全面发展、内外和谐，打破了以往知识结构单一、培养能力片面的专才教育培养模式。从文学与法律这一交叉学科的人学本质来看，《德语文学与法律》课程与通识教育的育人思想保持一致。

《德语文学与法律》课程从文学和法律共同具有的人学本质作为出发点，深入探究作品的人文主义精神，立足于外国文学研究的基本方法，借鉴法理学、法律史、法典等视角拓宽思考的场域，深入贯彻"立德树人"的教育宗旨。文学与法律都具有批判精神和理想主义特色，对学生的世界观、价值观以及价值判断能够起到积极的正向的引导作用，鼓励学生对公平、正义、善良等理想价值的追求，提升学生的思想情操和道德境界。文学的"移情"功能可以使学生更好地进行换位思考、感化心灵、拷问人性，从道德高度自发地约束和指导自己的言行进而影响社会中的其他人。文学来源于生活又高于生活，文学通过对于具体的社会生活细节的艺术化表现还可以弥补抽象的、理性的、高度概括性的法律对于人性和社会的认知。文学被誉为"地震仪"，文学和文学家对于社会问题的敏感度以及感知社会问题的超前性，能够在一定程度上起到预言和预警的作用。文学被称作社会的一面镜子，不仅可以再现和反映社会现象，还具有"编年史"的功能，记载社会历史变迁中的人与社会。文学和法律都是以语言和文字作为媒介的学科，深厚的文学素养和文字素养是法律学习的重要前提条件。可见，《德语文学与法律》课程在外国文学研究的基础之上融入了法律视角，能够加深学生对于人与社会的理解，完善学生的品德和情操，实

---

〔1〕　吴锵:《从博雅教育、通识教育到人文素质教育——兼论理工科大学的人文素质教育》，载《南京理工大学学报（社会科学版）》2004年第2期，第71页。

〔2〕　吴锵:《从博雅教育、通识教育到人文素质教育——兼论理工科大学的人文素质教育》，载《南京理工大学学报（社会科学版）》2004年第2期，第71页。

现内外兼修、全面育人的通识教育培养目标。另外，《德语文学与法律》课程的人文主义特色还能够反哺外语专业和法律专业学生的法律实践和法律研究。"法律是实践的艺术，法学教育不仅要从过去偏重法律知识传授转向着重现代法律观、法律精神、法律思维方法、法律解释、法律推理、法律论证等法律技术的训练，而且应当提高学生从社会发展、人类进步、人与自然和谐的战略高度理解、把握和应用法律的素质。"[1]可见，从当代法学教育和法律人才培养的现状和实际出发，该课程能够平衡传统法学教育中重视理论讲授、缺少现实关切和人文关怀的短板，助力以实践为导向的法学教育。

《德语文学与法律》课程打通了文学与法学的学科界限，实现学科贯通、中西贯通的跨学科教育模式，这种学科之间的贯通、中西文化之间的贯通也是通识教育的育人目标和重要内涵。陈向明认为，"'通识教育'中的'通'并不是'通才'的'通'，即什么都知道；而是'贯通'的'通'，即不同学科的知识能够相互融通，遇到问题时能够从比较开阔的、跨学科的视角进行思考，收集资料，交流合作，达到不同专业之间的沟通"。[2]从这一点看，《德语文学与法律》课程能够利用两个学科之间的相互渗透提高学生综合分析和解决问题的能力，通识教育和跨学科教育在其教育宗旨上是一致的。

三、跨学科特色与学科本位主义之间的平衡

《德语文学与法律》课程在课程设置方面突出了"德语+文学+法律"的跨学科特色，促进了文学、法律、外语三个学科的深度融合，有利于德语与法律相结合的跨学科复合型人才培养以及德语与法律相结合的跨学科课程体系建设。该课程的跨学科特色有利于培养学生的跨学科学习和研究的能力，通过对不同学科的学习和研究，有效促进外语、文学和法律三种

---

〔1〕 胡平仁：《我国法学教育的目标定位与人才培养模式改革》，载《法学教育研究》2010年第2期，第110页。

〔2〕 陈向明：《从北大元培计划看通识教育与专业教育的关系》，载《北京大学教育评论》2006年第3期，第77页。

学习模式的交叉和融合，提高学生的创新性思维能力和实践应用能力。

文学与法律在学科内涵上的紧密联系是把这两个彼此独立的学科放置在同一研究场域内对其进行跨学科研究的前提条件，这一点在 20 世纪 70 年代末美国的"文学与法律"运动中已经获得了较为充分的理论支持。以德语文学与法律为例，德语文学与法律自古以来就具有同根同源的亲缘关系。"德语文学发展的历史进程中展现出德语语言文学学科独有的法律特色和法律传统，德语文学与法律、德国作家与法律、德国文学史和法律史、德国的文学研究和法学研究之间相伴相生、相依相存。"[1]文学与法律的跨学科研究已经具有一定的理论基础，但是摆在文学与法律研究者面前更为现实也更为棘手的问题是，对该项跨学科研究的可行性进行过理论论证的基础之上，采取哪些具体的视角和方法去解决实际问题。对于这一点，文学研究者和法律研究者从各自学科的研究目的和学科特点出发，分别进行了有针对性的论述，但是尚未形成体系。笔者认为，从文学的"外部研究"的角度而言，法律可以作为文学研究的外部研究视角之一。美国文学理论家和批评家勒内·韦勒克认为，"流传极广、盛行各处的种种文学研究的方法都关系到文学的背景、文学的环境、文学的外因。这些对文学外在因素的研究方法，并不限用于研究过去的文学，同样也可用于研究今天的文学"[2]。韦勒克在《文学理论》一书中从文学和传记、文学和心理学、文学和社会、文学和思想、文学和其他艺术这五个部分论述了文学的外部研究，韦勒克认为这些外在原因和外在条件对文学的生成产生了重要的影响，但并不一定是决定性作用。笔者认为，法律作为社会组织生活中必不可少的重要内容，不仅对文学家和文学创作产生重要影响，也是文学创作中的重要主题。因此，在韦勒克提出的文学的"外部研究"的视域之下，法律视角也可以看作文学的外部研究视角之一。另一方面，从法律角度而言，广义上的文学与法律具有很多共通之处。德国法学家赫曼·

---

〔1〕 李烨：《〈文学与法律〉课程对法律外语人才培养的改革与创新》，载曹义孙主编：《中国政法大学教育文选》（第 23 辑），中国政法大学出版社 2018 年版，第 193 页。

〔2〕 ［美］勒内·韦勒克、奥斯汀·沃伦：《文学理论》，刘象愚等译，江苏教育出版社 2005年版，第 73 页。

韦伯（Hermann Weber）是德国文学与法律研究的领军人物，他在其主编的论文集《走近文学与法律》[1]中界定了文学与法律研究中"文学"这一概念的范畴，他指出，不能笼统地把所有书写或打印出来的内容都划归到文学之中，文学与法律研究中的文学更多指涉的是"美文学"（"belletristische Literatur"）或"诗"（"Dichtung"），但是不仅限于高雅文学，广义上的文学也可以理解为艺术，或曰"艺术与法律"。韦伯认为，文学和艺术可以作为法律的对象，法律也可以作为文学和艺术的对象。在此意义上，文学与法律互为对象、互为内容。

在文学与法律的跨学科研究中很容易陷入一个误区，即过度地追求跨学科特色而忽视了本学科的内涵和发展，成为当下跨学科潮流的盲目跟风者，最终丧失本学科的学科特性，因此，在文学与法律的跨学科尝试中要平衡跨学科特色和学科本位主义这二者之间的关系。无论对于法学研究者还是文学研究者，既要追求跨学科特色，也要保持应有的学科独立性，在这个过程中，学科平等是跨学科研究的首要前提条件。德国图宾根大学的德语文学史教授伯恩哈德·格赖纳（Bernhard Greiner）提出，把文学话语与法律话语联系到一起的最为简单的方法就是让二者实现纯粹的并列（"reines Nebeneinander"），一种话语采用另一种话语的元素和材料，但是外来的元素和材料不会在本话语中形成独立的秩序以及意义效果。[2]格赖纳提出的是一种近乎理想主义的解决办法，事实上，对于有着各自学科侧重点的文学研究者和法学研究者而言，实现纯粹的或真正的并列几乎不太可能。但是格赖纳所强调的立足本学科学科内涵的基础之上，发展跨学科研究，即在跨学科的同时保持本学科的独立性，这是值得借鉴的。目前，无论在美国、德国还是中国，耕耘在"文学与法律"这一研究领域的学者主要包括法学研究者（以法理学家居多）、文学研究者和部分作家，各自

---

〔1〕 Weber, Hermann: „ Annäherungen an das Thema „ Literatur und Recht ". (Oder „ Recht und Literatur ") ". In: Ders. (Hrg.): „ Annäherungen an das Thema Literatur und Recht. Recht, Literatur und Kunst in der Neuen Juristischen Wochenschrift (1) ". p. 1–15.

〔2〕 Greiner, Bernhard: „ Das Forschungsfeld Literatur und Recht ". In: Greiner, Bernhard; Thums, Barbara; Graf Vitzthum, Wolfgang: „ Recht und Literatur. Interdisziplinäre Bezüge ". Heidelberg 2010. p. 7–26. p. 11.

倚靠本学科的学科特长进行着跨学科尝试，学科之间的互相渗透和影响是跨学科研究过程中不可避免的结果。另外，互助创新是文学与法律这项跨学科研究的一个基本原则。文学与法律这两门学科吸纳彼此的学科优势，借助对象学科的外力作用，增强对本学科的补益功效。因此，从文学研究者的角度出发，立足文学，关照法律，才能实现立足本学科特色，借助跨学科视角对本学科进行有益的补充和拓展；从法学研究者的角度出发亦然。既要避免进入机械的学科本位主义的误区，也要避免丧失自身学科主体性的跨学科研究。总之，在跨学科特色与学科本位主义之间找到适当的平衡点，是从事文学与法律研究需要考量的一个有关学科定位的重要问题。

四、通识教育和跨学科教育视域下的教学和研究成效

《德语文学与法律》课程是针对德语语言文学专业研究生开设的一门专业必修课程，该课程在教学和研究的实践过程中贯穿了通识教育和跨学科教育的基本理念，下文将结合具体授课内容分析该课程在通识教育和跨学科教育方面取得的实际成效。第一，《德语文学与法律》课程把文学、历史、哲学、法律等人文专业知识进行了交融和贯通，人文主义精神贯穿于教学研究的全过程。在文学文本的分析过程中，以法律视角作为重要切入点，综合运用相关的人文知识背景，使学生能够对作品中的人物、情节、矛盾冲突、法律主题等有更为深入的认知。例如，在分析德国作家克莱斯特的小说《马贩子科尔哈斯》时，一个关于"正义"的价值判断难题摆在了学生面前，科尔哈斯在贩马的过程中遭遇不公正待遇，诉讼维权却困难重重，最终走上了起义暴动、杀人放火的犯罪道路，科尔哈斯究竟是正义的天使还是恐怖主义的恶魔。这不仅涉及对于"正义"这一主题的法理学角度的探讨，研讨中需要结合普鲁士的历史状况、法治状况、新教改革状况、社会阶层的情况以及作家克莱斯特个人的政治立场等进行一种多元主义的文学批评，这种跨学科的研究方式能够极大地开拓学生的思维空间，促进跨学科研究成果和创新思维的生成，帮助学生在这种多元主义的文学批评氛围之下对人与社会形成更为全面的认知。另外一个典型例子是

对于克莱斯特喜剧《破瓮记》中主人公法官亚当之罪的解读，可以把亚当之罪与古希腊悲剧中的俄狄浦斯王之罪以及圣经中的原罪进行对比，需要学生从三个不同的层面解读罪的内涵和意义，即法律意义上的罪、古希腊神话中的罪和基督教意义上的罪，文学、法律、宗教知识在"罪"这个永恒主题之下得到了有机的交融，对于"罪"的全面理解对于学生形成具有人文关怀的法律观和道德观起到了积极的引导作用，避免学生陷入仅仅依靠法规法条理解犯罪现象的机械主义思维模式。第二，该课程能够帮助学生形成较为系统的学术史观，使学生能够站在历史的高度反观人性、审视现实。德语文学具有悠久的法律传统，"德语文学史上，歌德、克莱斯特、格里帕泽、霍夫曼、艾辛多夫、海涅、依美尔曼、路德维希·乌兰德、布伦塔诺、格林兄弟、黑贝尔、施托姆、凯勒、卡夫卡、施林克等作家，都曾从事过法律相关职业或具有法律教育背景，其作品在不同程度上体现了法律的时代精神。"[1]在探讨德语文学与法律的历史渊源和亲缘关系的过程中，需要联系历史、文学史、法律史等历史背景知识，学生进而对德国的文学史、历史、法律史等获得更为系统的了解，能够站在历史的高度做出合理的价值判断。除了理论探讨部分需要学术史的支撑，在文本分析的过程中学术史观的构建也同样重要。例如，克莱斯特喜剧《破瓮记》中破碎的罐子是理解剧情的关键线索，罐子上镂刻了1555年的布鲁塞尔，查理五世皇帝把荷兰的全部省份移交给儿子腓力二世这个重大历史事件。解读破罐之谜需要联系荷兰的建国史，包括荷兰如何摆脱西班牙殖民统治，建立独立的民族国家，另外，文中对于16世纪荷兰司法体系的批判在一定程度上影射了作者克莱斯特所生活的18世纪普鲁士的司法腐败现状。只有对16世纪尚处于德意志神圣罗马帝国版图内的荷兰的历史和法律史，以及18世纪普鲁士的历史和法律史有了较为系统的了解，才能够把该剧中对于荷兰历史的描写与普鲁士的现实状况相联系起来。第三，该课程选取的文学文本既是德国法学家经常研究的经典书目，也是德语文学史中的经典作

---

〔1〕 李烨：《〈文学与法律〉课程对法律外语人才培养的改革与创新》，载曹义孙主编：《中国政法大学教育文选》（第23辑），中国政法大学出版社2018年版，第193页。

品，无论在思想内涵和艺术表现方面都具有较高的鉴赏价值，能够提高学生的审美品位和道德情操。例如，卡夫卡短篇小说《在流放地》通过一部执行酷刑的机器隐喻了压抑扭曲人性的司法暴力。解读卡夫卡寓言式的写作，首先需要对卡夫卡生活的奥匈帝国的司法状况以及卡夫卡个人的生平背景有一定程度的了解，卡夫卡作品的多义性和荒诞表征使得卡夫卡的语言成了研究者走进卡夫卡作品深处的一个难点，研究者的德语语言水平和文学修养直接决定了对于卡夫卡作品的理解和鉴赏能力。该课程通过文本细读的方式，教师带领学生对卡夫卡的语言进行字斟句酌，进行中德翻译对比，加上跨学科视角的引入，使得学生在细致的文本分析中能够更进一步地熟悉卡夫卡式写作风格和特色，尝试带领学生在文学表现的层面之外对行刑过程的法律意义、哲学意义有更为深入的剖析。卡夫卡的另外一部经典作品《审判》也是卡夫卡式写作的典型代表，匿名的司法人员和匿名的受审者，突如其来的抓捕和审判，常规意义上的因果逻辑的错乱，诸如此类诸多的荒诞元素集中于这部作品。总之，阅读和研究卡夫卡的作品能够使学生更好地体验德语语言的魅力，能够提高学生的审美鉴赏力，使学生对于人与社会的本质有更为深刻的认知。

五、以"立德树人"为根本任务的课程设置

无论从通识教育还是跨学科教育的角度出发，《德语文学与法律》课程的课程设置和教学目标都体现了人文主义的价值导向和现实关怀，把"立德树人"作为了教学的根本任务。该课程主要采用研讨课的形式，通过教师讲授、课堂阅读和研讨以及学生进行课堂报告，实现理论铺垫和文本分析相互交融，文学的移情作用之外加以法律的理性思考，对学生动之以情、晓之以理。一方面，理论部分在介绍文学与法律研究现状的基础之上，探讨文学与法律之间的学科渊源和共性，文学与法律研究的内容、方法和意义，德语文学与德国法律之间的亲缘关系和历史渊源，帮助学生勾勒出德语文学与法律研究的概貌。理论部分的讲授贯穿了文学、文学史、文学理论、法律、法律史、法理学、德国历史等较为综合和系统的人文知识。另一方面，文本分析部分立足于德语文学的研究阵地，选取以法律现

象为题材或涉及法律主题的文学文本作为研究对象，为德语语言文学专业的研究生引入法律视角作为文学的外部研究视角之一，综合运用法学、历史学、社会学等背景知识，解读文本的法律意向。理论导入和文本分析的过程中把法律、历史、社会、时代思潮等外部因素对于文学的影响作为探讨的重点，贯穿了对于人与社会，人与历史，人与法律，人与时代等以人为中心的永恒命题的思考。在《德语文学与法律》的课程设置中，法律作为探讨文学作品的诸多外部视角之一主要体现为以下几种形式：法律作为文学表现的主题；文学中对于法律的隐喻；文学作品的法律意义。从法律视角入手分析文本，能够引导学生更好地解读文学文本的法律意向，探讨文学文本的法律意义，使得学生对于其中涉及的法律现象和法律问题形成独立的判断和思考，进而影响学生在日常生活中的行为准则和道德准则以及面对大是大非的判断能力。这也从根本上贯彻了习总书记提出的"四个正确认识"，要教育引导学生正确认识世界和中国发展大势，正确认识中国特色和国际比较，正确认识时代责任和历史使命，正确认识远大抱负和脚踏实地。因此，该课程以人学为本质的内容导向，以法律视角作为形成正确认识的一种途径，以研讨作为主要教学手段，使得该课程的教学目标和育人目标与"立德树人"的根本任务相统一。

六、小结

从通识教育和跨学科教育的高度分析《德语文学与法律》课程的内容设置、教学目的及育人目标，会发现该课程在其育人的本质上与"立德树人"的育人精神相统一。基于文学与法律的人学本质、文学与法律的人文主义精神和理想主义精神，《德语文学与法律》课程具有通识教育意义，能够促进内外兼修、全面育人的通识教育的育人目标的实现。从文学的"外部研究"而言，法律可以作为文学研究的外部研究视角之一，立足文学，关照法律，才能实现立足本学科特色，借助跨学科视角对本学科进行有益的补充和拓展。《德语文学与法律》课程贯穿人文主义精神于教学研究的全过程，有助于提高学生的审美品位和道德情操，有助于学生形成较为系统的学术史观，使学生能够站在历史的高度反观人性、审视现实。总之，《德语文学与法律》课程以文学与法律的人学本质作为内容导向，以文学与法律的跨学科视角作为形成四种正确认识的一种途径，以课堂研讨作为主要教学手段，在实现其通识教育和跨学科教育意义的基础之上，其教学目标和育人目标与"立德树人"的根本任务相统一。

新国标下我校德语专业特色建设与发展研究[*]

李小龙^{**}

随着 2018 年《普通高等学校本科专业类教学质量国家标准》（以下简称"国标"）的出台，对于各本科专业教学质量有了明确的国家标准，培养目标、人才培养及课程设置等均需根据该标准做出相应调整。按学校要求，2018—2019 年我们对德语 2019 年本科专业培养方案进行修订，既满足了国标提出的外语人才培养要求，同时结合我校外语专业发展的规划和特色，从培养目标到具体的课程设置进行了全方位的调整。

一、德语专业发展概述与新国标要求

（一）德语专业概述

我校外国语学院德语专业成立于 2004 年 4 月，每年本科招生为 20~25 人（含港澳台学生），学生德语专业四级、专业八级考试通过率均高于全国一本院校德语专业平均水平。德语专业是学校的重点建设专业之一，其专业定位与学校的整体发展规划保持一致，经过 15 年的发展，德语专业始终秉承法大特色兴校的治校之本，坚持培育高质量人才和实现高水平科研，不断完善课程体

---

* 本文系作者 2019 年中国政法大学校级教育教学改革立项项目"国家标准框架下德语专业特色化建设的研究与实践"（JG2019A011）的研究成果。

** 李小龙，中国政法大学外国语学院德语所负责人。

系、优化师资、合理提升办学条件、努力探索质量过硬的育人机制和特色鲜明的办学模式，即德语与法律相结合的特色化办学模式，走在了全国高校德语专业跨学科培养模式的前列，得到了业界的广泛好评。在2007年和2017年教育部对中国政法大学本科教学水平的两次评估中，评估专家对我校德语专业均给予了极高的评价，认为德语专业是有发展前景的跨学科专业，特别是德语专业的5+2人才培养模式以及将中德联合培养、分阶段开展与德国高校间的国际交流与交换项目的融入专业人才培养建设中，已经收到了良好的育人效果。2020年3月15日，中国科教评价研究院等推出了《中国大学及学科专业评价报告（2020—2021）》，我校德语专业在全国112所开设德语专业院校中位居第14名。

德语专业本科培养模式在学校教务处支持下，培养方案经过了多次的修订和完善，每次都为更加优化德语加法律的复合学科培养模式，探索跨学科培养和专业建设的最佳方案。比如，2014年修订《法律德语》和《德汉翻译》（增加法律翻译内容）课程之后，2015年又增开本科培养方案中1门专业必修课《德语文学精读》，授课对象为四年级本科生，以便德语专业学生在高年级仍有必要的语言技能课程；2016年开设德语专业国际课程新课《德国经典法学文献精读精解》，这也是目前德语专业开设的唯一国际课程；2017年的培养方案修订中将部分高年级德语加法学的复合课程在学分和数量上进行了调整，学生有了更自主灵活和更丰富的选择，进一步促成法律和德语相结合的跨学科专业特色。

德语专业教学以本科教学基础为根本，尤其注重基础阶段的教学工作。根据教师的专业特长及授课经验，在教学工作的具体分配和组织方面分工合理、任务明确。每年派教师参加教学观摩大赛，组织全体教师进行课后的教学研讨，实现德语专业全体教师之间的互相学习和共同进步。为了提升教师的授课水平、提高课堂质量，德语专业每年派教师参加各类德语教师培训，紧跟全国德语教学发展的前沿思想和实践，在课堂教学中不断注入先进的教学理念和思路。德语专业重视师生之间的交流互动，及时吸收学生的信息反馈，改进课堂教学方法，根据学生需求适当地调整授课内容，在方法和思想上对学生进行积极的引导。

德语专业的教师队伍中年轻教师占绝对多数，没有形成老中青的年龄梯队；学术职称渐渐形成梯队，但仍需要全面提高教学和科研业务水平及综合能力。学生对德语学习的内在动力不足，缺乏课后主动学习德语的热情。年轻教师缺少参加高水平德语培训的机会，如何把教师的科研成果转化到课堂实践中，如何使得科研成果更好地服务于学生和课堂，成了摆在德语系教师面前刻不容缓的目标和任务。德语和法学结合是中国政法大学德语专业的特色，德语专业德语和法学、法律、法学翻译、法律语言学结合深度不够，且不够系统化，需要课程设置、师资等全方位支持和发展。

（二）新国标对德语专业的具体要求

国标标准制定时围绕三个原则，第一突出学生中心，注重激发学生的学习兴趣和潜能，创新形式、改革教法、强化实践，推动本科教学从"教得好"向"学得好"转变；第二突出产出导向，主动对接经济社会发展需求，科学合理设定人才培养目标，完善人才培养方案，优化课程设置，更新教学内容，切实提高人才培养的目标达成度、社会适应度、条件保障度、质保有效度和结果满意度；第三突出持续改进，强调做好教学工作要建立学校质量保障体系，要把常态监测与定期评估有机结合，及时评价、及时反馈、持续改进，推动教育质量不断提升。[1]

按照国标的要求，对外语人才的素质要求为"具有正确的世界观、人生观和价值观，良好的道德品质，中国情怀和国际视野；具备健康的体魄和健全的心理素质"[2]，其中，中国情怀和国际视野是在新的国际背景下提出，如何将这方面的素质培养与课程设置进行更有机的衔接是本研究的一个重要方面。知识要求中除对学生的外语语言知识、文学知识、国别与区域知识有规定，也特别增加"熟悉中国语言文化知识"，"形成跨学科知

---

〔1〕 参见中华人民共和国教育部网站：介绍《普通高等学校本科专业类教学质量国家标准》有关情况，载 http://www.moe.gov.cn/jyb_xwfb/xw_fbh/moe_2069/xwfbh_2018n/xwfb_20180130/201801/t20180130_325928.html，最后访问日期：2020 年 4 月 20 日。

〔2〕 教育部高等学校教学指导委员会编：《普通高等学校本科专业类教学质量国家标准》（上册），高等教育出版社 2018 年版，第 92 页。

识结构，体现专业特色。"〔1〕对于中国语言文化知识与德语专业培养如何结合，是本研究中需突破的地方。

除培养规格之外，国标中对于课程体系从总体框架和课程结构两个方面给出明确建议。总体框架中明确指明，课程体系应包括通识教育课程、专业核心课程、培养方向课程、实践教学环节和毕业论文五个部分。根据此体系，德语专业的培养方案中重点对专业核心课程和培养方向课程做出调整，以更符合新国标的要求。而如何处理好通识教育与专业教育、语言技能训练与专业知识教学、必修课程与选修课程、外语专业课程与相关专业课程、课程教学与实践教学的关系，也是培养方案修订过程中需重点考虑的问题。

综合国标对于外语人才培养提出的要求和我校及外语学院的发展规划，我们重点研究德语加法律复合型人才的培养模式下培养方案的修订。可持续发展型外语人才必须具备跨文化能力和新型知识结构，这样的知识结构必须通过跨学科的教学方案得以实现。通过德语加法律在 2019 级德语专业培养方案中的进一步优化，德语所将继续打造特色专业建设。

二、新国标下德语专业培养方案修订

在德语专业特色化建设时，我们将国标与"三个一流"建设紧密结合起来，同时在我校外语专业发展规划之下，充分利用我校法学优势学科，培养德语专业学生具体应：①具有复合型的知识结构，在精通外语的基础上，同时掌握法学知识。②具有跨文化交际能力，了解本民族和他国文化及两者之间的差异。③复合型人才的跨学科途径，即建立交叉学科，培养学习者在理论指导下综合运用多种学科的方法分析和解决问题的能力。

（一）总体思路

任何重大社会性问题，都具有相当复杂的综合性，不是哪一基础学科所能单独解决的。可持续发展型复合人才的培养也绝非某一个学科所能独

---

〔1〕　教育部高等学校教学指导委员会编：《普通高等学校本科专业类教学质量国家标准》（上册），高等教育出版社第 2018 年版，第 92 页。

立胜任的，务必需要多个学科的通力合作[1]。根绝我国国情和我校德语专业办学条件，发展优化多元一体化的德语教学体系势在必行。这里的多于一体化包含横向和纵向两个含义：①平行设置多个学科或专业方向；②多种教程设置模式之间的纵向接轨。本项目的主要研究目标和内容根据这两个含义进行开展：

（1）平行设置了德语与法学两个学科的复合培养模式，包括德语法学双学位培养和德语专业设置下的德语语言文学方向加法律方向培养，这也是自德语专业设立以来，一贯秉承的跨学科培养模式。2019年德语学科的专业课程设置根据国标进行了调整，相应法学学科的课程设置也做出了相应调整。对于德语专业培养方案的优化考虑到法学双学位培养方案修订的影响，尤其是高年级德语专业学生的课程压力问题与时间协调问题，因此在选修课程的数量和修读时间设置上都考虑到了法学课程的要求和课程数量限制，这与之前德语培养方案完全不考虑双学位培养方案是一重大区别。

（2）多种教程设置之间的纵向接轨，包括①德语核心课程的设置；②德语语言文学类选修课程的设置和法律组选修课成的设置；③国际课程和实践学分的设置。具体在下面章节具体阐述。

（二）培养目标方面·

总体来说，我校德语专业根据本校特色，参照国标标准，制定出了合理的培养目标。培养目标几年来相对保持稳定，更改不大，所做出更改是根据社会、经济和文化的发展需要，做出的适时的调整和完善。

根据国标规定的标准要求，结合我校自身办学实际和人才培养定位，将2019级德语专业培养目标的第一点修改为"具有正确的世界观、人生观和价值观，良好的道德品质，中国情怀和国际视野；具备健康的体魄和健全的心理素质"，将2018年培养方案中"⑨身体健康，达到大学生体育锻炼合格标准"去除，以更好契合国标要求。根据国标要求，中国情怀和国际视野是新时代对外语人才培养提出的新要求，需在具体的课程设置中以润物细无声的形式得以实现。

---

[1] 参见钱敏汝：《钱敏汝选集》，外语教学与研究出版社2011年版，第198~199页。

（三）培养规格方面

国标中对学制与学位、素质要求、知识要求、能力要求几方面做出明确规定。其中，2018 年德语专业培养方案中"学制与学位"允许学生在 3~6 年内完成学业，按规定修满学分并符合培养方案要求的学生授予文学学士学位，这与国标中的要求完全一致。我校 2018 年德语专业培养方案中对于"知识要求""素质要求""能力要求"几部分的要求大部分可与国标要求对接，因此在 2019 年的德语专业培养方案的修订中变动较少。而国标新提出的"中国情怀与国际视野""熟悉中国语言文化知识，了解相关专业知识"等是国家对于当代大学生提出的新要求，因此这几点在 2019 年德语专业培养方案中被重点关注，在具体的课程设置和课程体系中做出调整，以期学生可以通过相关课程达到国标中对于上述几点的要求。

（四）课程体系方面

国标中从总体框架和课程结构两个部分做出明确规定。本项目中展示，2019 年德语专业培养方案如何按国标要求对两个部分做成何种调整。

1. 总体框架

2019 年德语专业培养方案包含了国标要求中需包含的五个部分，课程总学分为 178 学分，总学分 = 实践教学 19+159 = 178 分，符合国标中对于课程总学分一般为 150~180 学分的要求。在此基础之上，我们尽力处理好各种课程体系之间的关系：根据国标和学校教务处通知要求"选修课与必修课的比例一般为 4:6"，对各类专业课程比例尽可能做出相应调整，德语专业总学分由 108 学分变为 106 学分，其中专业必修课由 78 分变为 72 分，专业选修课由 30 学分变为 34 学分。其中具体修改如下：必修课删除《高级德语听力（二）》《德语文学精读》，按照学院学科发展规划，高年级语言法律复合课程比例增加，纯粹的语言技能课减少；删除必修课《英语（三）》《英语（四）》，将两门课改为选修课程，更利于学生协调德语高年级必修课和双学位法学课程。

2. 专业核心课程

按照国标，德语专业核心课程包括德语语音、德语口语、基础德语、高级德语、德语视听、德语分析阅读、德语基础写作、德语国家概况、德语文学通论、德语语言通论、德语语法、笔译理论与实践、口译理论与实践、跨文化交际、学术论文写作与研究方法等。我校德语专业的课程设置符合国标的要求，但是在一些基础操作层面上仍有可继续优化的可能。比如，虽然国标中规定的德语专业核心课程均是我校德语专业一直以来所重视的课程，但是由于课程名称以及侧重点的不同，仍然有少数课程需略作调整：主要有《跨文化交际》《语言学概论》《口译理论与实践》几门规定的核心课程在本次培养方案过程中仍列于选修课组；将 2018 年德语专业培养方案中《德汉笔译》一课做出调整，在坚持该课程以翻译实践基础之上同时引入理论部分，最终优化调整为 2019 级德语专业培养方案中的《德汉笔译理论与实践》课程，大纲编写和课程内容根据国标内容也做出调整。根据学校对于选修课必修课比例约 4∶6 的要求，目前德语专业培养方案中对专业选修课和必修课两者的比例仍需进一步调整，但如何在保证核心课程的前提下更好的开设选修课程将德语专业之后发展研究的一个重要研究对象。参考新国标的核心课程设置，我们删除 2018 年德语专业培养方案中专业必修课《德语听力（一）、（二）、（三）、（四）》《高级听力（一）、（二）》，在 2019 年德语专业培养方案中新开设《德语视听（一）、（二）、（三）、（四）、（五）》，不仅修改了课程名称，也对课程内容进行相应调整，从传统教学方式单纯的听力授课，结合当下多媒体的广泛使用，在课程中增加"视"的部分，构建外语教学"视听"课程更形象化、生动化。

3. 专业选修课程

在 2019 年德语专业培养方案中将 2018 年德语专业培养方案中的专业选修课组做出如下调整：将原先的"语言学组""文学组""其他组"合并为"语言文学组"，通过"法律组"专业选修课和"语言文学组"专业选修课两个课组的设立将德语加法律的培养模式更加清晰化，也凸显出我校德语专业课程体系中对于德语加法律选修课程的重视，其中"语言文学组"课程需修学分 26 分，"法律组"课程需修 8 学分。"法律组"课程在2018 年德语专业培养方案的课程基础之上，新开选修课《法律德语词汇学》，设立该课程以更好的建设德语学生高年级的德语法律培养模式，同时也鼓励德语专业教师积极探索德语加法律的教学模式和科研发展方向。按照国标要求，将 2018 年德语专业培养方案中的《德语口译（一）》选修课程调整为 2019 年德语专业培养方案中《德语口译理论与实践》。参考学校教务处规定"一年级秋季学期不再置入专业选修课"，将 2018 年德语专业培养方案中一年级秋季学期的两门专业选修课《德语语音》和《德语学习方法与技能》调整为 2019 年德语专业培养方案中的为专业必修课，主要考虑这两门课程对于德语专业新生来说不可或缺，故而做出上述调整。根据新国标中培养学生的中国情怀和跨文化交际能力所作要求，对现有课程进行改造升级，删除 2018 年德语专业培养方案中的专业选修课《旅游口语》，在 2019 年德语专业培养方案中开设专业选修课《中国文化的跨文化传播（口语）》，该课程基于跨文化交际理论和行为理论，注重培养学生考虑交际目标群体的文化因素，以文化传播为目的，灵活处理文化差异，用德语讲好中国故事，同时也在讲好中国故事的同时培养学生的中国情怀，能够运用跨文化理论比较中德文化差异，拓宽学生的跨文化视角和跨文化交际能力。跨文化能力的培养应是一个开发型的不断学习的过程，在此过程中，个人能力应从民族中心主义思想到文化多元主义思想、从对母文化和异文化单一表面的认识到全面深入的认知和理解、从不自觉欠妥当的跨文化行为到自觉妥当有效的跨文化行为这三个层面综合发展。[1]

总体来看，2019 年德语专业培养方案中德语专业选修课组的设置中加强了法律组中的德语加法律课程的开发，鼓励两位法律语言学同事更好地开发跨学科新课，探索法律加德语复合课程的优化，以更加符合学生需求的课程。

4. 实践教学

课外实践教学学分由 20 分改回到 18 分，删除了 2018 年德语专业培养方案中"学术实践一"和"学术实践二"两项实践学分，主要考虑如下：

---

〔1〕 潘亚玲：《我国德语专业学生跨文化能力培养目标与路径——基于实证研究的分析与建议》，载《德国人文研究》2013 年第 1 期，第 48~54 页。

这两门实践学分是几年前为满足学校对于实践课程学分比例，因而增加以学术阅读为主要内容的两项实践要求，经过前后六七年的教学实践，根据学生问卷调查和教师意见，效果一般，因此在2019年德语专业培养方案的修订中删除。删除这两项实践学分之后，德语专业教学实践教学学分设置与外语学院其他两个专业的设置一致，也利于学生工作的开展和教务人员对实践教学学分的录入考量。

目前德语专业开设的国际课程有《德语经典法学、法哲学文献精读精解》一课，该课程也是德语加法学的复合课程，在德语专业今后的学科发展中我们会继续讨论是否开设更多的德语加法学复合的国际课程，以提供给全校师生更丰富的课程。

5. 小结

通过2019年德语专业培养方案的进一步优化，培养德语专业学生具备国标中对于外语学生提出的外语运用能力、文学欣赏能力、跨文化交流能力、思辨能力，以及一定的研究能力、创新能力、自主学习能力和实践能力。由于国标中对于各专业的要求描述并非特别详尽，因而会在《普通高等学校本科德语专业教学指南》发布之后，继续完善发展本专业的课程设置和人才培养模式。

三、师资队伍建设

德语专业近年加大了高水平德语人才引进的力度，继续争取引进高职称高学术水平人才，为未来德语专业的长足发展奠定师资基础。在"引进来"的同时，我们也重点加强自身师资队伍建设：

第一，鼓励教师把教学与科研有机结合，通过科研促进教学水平的实质性提升，通过教学推动青年教师科研成果的有效转化。鼓励教师围绕各自研究重点，为本科生开设更多既有知识含量、又有学术眼界的专业课程，提高本科生的学术研究意识和能力，在教学过程中促进科研成果转化。第二，鼓励教师的教学内容和教学方式与时俱进，促进教学成果的更新转化。鼓励和支持中青年教师参加国内外德语专业进修和培训，切实提高教师的专业水平和业务能力。第三，督促青年教师提升科研水平。鼓励青年教师申请教学科研项目，发掘和取得更多的科研成果。学科带头人通过科研项目带动更多的青年教师参与科研。加强与出版机构的联系，为教师增加出版机会。第四，加强教师对外的学术交流。定期邀请德语国家知名教授来我校讲学交流，另一方面鼓励教师到德语国家进行短期和中期的进修和研究，提升教学科研水平。第五，强调对教师的规范化管理。对于教学任务的分配和管理，实行"专人负责专项、全体协同完成"的管理制度。

四、展望

2020 年 4 月 25 日，教育部高等学校外国语言文学类专业教学指导委员会、教育部高等学校大学外语教学指导委员会、外语教学与研究出版社、北京外研在线数字科技有限公司共同举办的"新时期高校外语教育与教学发展"智慧讲坛开讲，讲坛发布了《普通高等学校本科外国语言文学类专业教学指南》（以下简称《指南》）。其中，北京外国语大学副校长，教育部高等学校外国语言文学类专业教学指导委员会副主任委员、德语专业教学指导分委员会主任委员、博士生导师贾文键教授代表德语专业教学指导分委员会，对《普通高等学校本科德语专业教学指南》（以下简称《德语指南》）进行了详细、权威地介绍。

《德语指南》主要指导各高校德语专业落实国标基本精神，在国标基础上，参照《指南》，根据社会需要、区域特点和办学定位，制定本校德语专业的本科人才培养方案。故而，在今后的德语专业培养方案修订中，我们会进一步将《德语指南》中精神体现在课程设置上，推动我校德语专业内涵式发展。

按照《德语指南》中对教师素质、教学方法和教学手段也均给出了的明确要求：教师素质方面，除外语基本功、教学设计与实施能力、课堂组织与管理能力、现代教育技术和教学手段的应用能力外，教师也应具备扎实的教学反思和改革能力以及明确的学术研究方向和研究能力，这一点在今后的专业建设中需给予更多的重视和支持。

《德语指南》中对教学方法的规定：教学应融合语言学习与知识学习，

以能力培养为导向，重视语言运用能力、跨文化能力、思辨能力和自主学习能力的培养；因材施教，根据教学目标和内容选择合适的教学方法，重视启发式、讨论式以及参与式教学方法的使用，促进学生的全面发展和个性发展；合理使用现代教育技术，注重教学效果。教学手段方面：教师合理使用现代教育技术，注重教学效果。此外，全国各类在线资源有力地支撑了疫情期间的高校教学，在今后的教学安排中，在线资源也应与线下课程更为有机结合，打造线上、线下课程体系。

总之，在新国标推出之后，2019年德语专业培养方案做出了符合国标要求的调整，在培养目标、培养规格和课程体系等方面进行完善和发展。结合最新的《德语指南》，对于德语专业今后的发展，我们也将从教师素质、教学方法和教学手段等方面做出进一步的调整，以期我校德语专业可在全国德语专业中继续保持特色培养模式优势。

专业到底指什么?*

刘坤轮**

一、问题的提出

专业究竟是什么?

近日,教育部公布了2019年度普通高等学校本科专业备案和审批结果,新增备案专业1672个、审批专业181个(含130个国家控制布点专业和51个目录外新专业),调整学位授予门类或修业年限专业点47个。同时,教育部也公布了《普通高等学校本科专业目录(2020年版)》。本次备案、审批和调整的专业点,将列入相关高校2020年本科招生计划。同时撤销专业点367个。一石激起千层浪,肯定与质疑之声也随着这则消息接踵而至。肯定者认为,这次专业调整强化了需求导向、标准导向、特色导向,有力遏制了过热专业。[3]质疑者则更多集中在特定的专业学者那里,认为新设专业归属存在诸多不妥当之处,使得某些专业

* 基金项目:本文为全国十三五教育规划课题"高等教育评估法律制度构建及运行机制研究"(项目编号:BGA170047)的阶段性研究成果。

** 刘坤轮,中国政法大学法学教育研究与评估中心副教授,副主任。

〔3〕 《教育部:支持急需紧缺和新兴专业,严格控制"过热"专业》,载 http://news.sina.com.cn/c/2020-03-05/doc-iimxxstf6672484.shtml,最后访问时间:2020年3月14日。

性很强的专业沦为专业收容所。〔1〕

　　对于最新的观点,无论是正面肯定,还是负面质疑,这个问题都是所关涉的一个核心,也是常识性问题,但由于缺乏教育学常识,却常常为其他概念所吞噬,成为被不断误读的概念。总结起来,之所以出现各种各样的疑惑,不外乎从教学管理学上混淆了专业和学科门类、学科、学位、学历、学力等概念之间的差异。从教育过程来看,则是混淆了不同阶段各种教育所承载的功能,分不清中等教育和高等教育所承担的不同功能。鉴于专业概念在整个教育群体中的重要影响,笔者将结合自己的体会和常识,尝试厘清专业概念和相关概念之间的差异,并在此基础上概括总结这一概念的特质,以对未来相关的讨论做好基础性铺垫工作。

二、几个容易混淆的概念

　　归纳起来,学界之所以对专业设置问题出现疑惑,除了关涉社会需求的分析外,更主要的原因在于混淆了几个相近的概念,这些概念主要包括:首先是学位、学历和学力,其次是学科门类、一级学科、二级学科和专业(类)。之所以要将这些相似概念区分开来,原因在于,特定概念现实中的功能存在着差异,但专业却是串起这些差异的核心概念。

　　(一)学位、学历和学力

　　要厘清专业的概念,首先要区分学位和学历的内涵和差异。

　　学位(Degrees, Academic Degrees)是我国高等教育的基本管理依据。它实际上是代表国家对在一定领域受教育达到一定程度或在某一学科领域里已经达到一定的水平的个人所授予的一种学术称号,有时学位也为表彰在一定领域做出一定贡献的个人。学位由具备授予资格的高等学校、科学研究机构或国家授权的其他学术机构、审定机构授予。目前,我国学位授予的主要法律依据为2004年修订的《中华人民共和国学位条例》,它将我国的学位分为学士、硕士和博士三种,这也是世界多数国家的通行做法。

---

〔1〕　冬夜梅馨:《教育部:不能把法学当做专业收容所》,载 https://mp.weixin.qq.com/s/4kKsHoNIiX4e2BFiwf9L1g,最后访问时间:2020年3月14日。

因此，学位本身并不对应一般的本科教育，它是分层次的，比如法学学位实际上包括法学学士学位、法学硕士学位和法学博士学位。对一些在法学研究或法律实务等领域做出特定贡献的个人，也可以授予荣誉性的学位，理论上包括荣誉学士学位、荣誉硕士学位和荣誉博士学位。这一点我之前曾经专门做过阐述。[1]

学历（The Educational Course, Antecedents）是指一个人的正式学习经历。通常指一个人曾接受过哪一级的正规教育以及何时在何学校毕业、结业或肄业。所以，从词源上来讲，学历主要指的是学习经历，因此，它并不和高等教育对等，高等教育的学习经历，只是一个人所有学习经历的一部分。在实际生活和工作中，当我们提到学历时，一般是指一个人最后也是最高层次的一段学习经历，以经教育行政部门批准，实施学历教育、有国家认可的文凭颁发权力的学校及其他教育机构所颁发的学历证书为凭证。[2]所以，日常生活中，我们面对的可能是各种各样学历的人，大体包括小学、初中、中专/高中、专科、本科和研究生六种。

学力（Academic Ability）则是学习能力和知识水平的简称。学力的落脚点在能力，以学为修饰，代表了一定知识能力。它主要是指一个人的知识水平以及在接受知识、理解知识和运用知识方面的能力。在一些特定情况下，指一个人的文化程度以及在学问上达到的某种程度。这个词的日常话语指向主体一般是已经离开学校的人，日常对话说，某人没有上过大学，但是却达到了大学学力，实际上就是指的这个学习和知识层面的能力。但由于缺乏正式的背书，拥有这种学习或知识能力的个人往往就有了一种国家背书的需要，同时，出于提高国民素质的需要，国家也会通过举办继续教育或终身教育对这种需要予以背书，于是就有了同等学力的概念。因此，通常我们谈到某人接受继续教育或远程教育或以其他形式进行的获取同等学力的过程，其实就是这个概念，有所差别的是，如果最终符合了条件，比如参加了同等学力考试，并完成了其他学习任务，国家学位

---

〔1〕 刘坤轮：《法学类和法学专业究竟指什么？》，载《人民法治》2019 年第 10 期。

〔2〕 《学历和学位的区别是什么？到底哪个更重要！》，载搜狐网：https://www.sohu.com/a/208485847_163361，最后访问时间：2020 年 3 月 14 日。

授予部门会通过授予相应的学位对此进行背书，这也就是目前一些高校的同等学力教育。因为并没有正式的学习经历，所以，同等学力者一般所最终获得背书的形式只有学位，也就是所谓的单证学生。

（二）学科及其关联概念

日常生活中，当谈论到高等教育的时候，一般会经常将学科专业并列，这说明，二者之间具有密切的关系，事实上也确实如此，学科是专业的基础，专业则贯穿高等教育所有阶段。但二者的内涵实际上又有着较大的区别，因此，要澄清专业的概念，还必须明白学科及其关联概念的内涵。

学科（Disciplines）其实是一种知识体系的综合体，一般而言，一个特定的学科具有诸多种属概念，但彼此之间都具有相对的独立性。因此，日常的教育管理中，除了学科这一大的知识体系概念外，出于管理的需要，将会划分出学科体系树状图，形成一个综合的知识体系图。比如目前常见人类的知识体系，最常见的划分为五类，包括自然科学，农业科学，医药科学，工程与技术科学以及人文与社会科学。各个国家再根据高等教育管理的需要，在这些知识体系之下进行二次划分、三次划分以及更多的划分，从而形成树状结构图，也就是通常人们所说的学科目录。所以，每一次的划分都会衍生出新的概念，但却都是学科这一属概念之下进行的，学科是上位概念，是整个树的总名称，因此可以贯穿适用于每一个种概念，这些种概念就包括一次划分的学科门类，二次划分的一级学科，三次划分的二级学科，以及四次划分的作为高等学校研究生招生培养工作开展的特定专业，因此，从学科知识树的角度来说，专业的第一次出现，实际上对应的是这个四次划分时的概念，但部分是因为二级学科和专业之间具有密切的相似性，一般也将二级学科作为高等学校作为日常管理的依据。

学科门类（Fields of Disciplines of Conferring Academic Degrees）是指具有一定关联的学科归类，它本身是授予学位的依据。学科门类的主要依据是2009年国务院学位委员会、教育部印发的《学位授予和人才培养学科目录设置与管理办法》（学位〔2009〕10号）以及2011年国务院学位委员会和教育部颁布修订的《学位授予和人才培养学科目录（2011年）》（最新更新时间为2018年4月）。根据这一修订，我国目前共有13个学科门类，分别为：哲学、经济学、法学、教育学、文学、历史学、理学、工学、农学、医学、军事学、管理学和艺术。[1]所以，一级学科的主要教育管理功能是学位授予，因此，我们前文所提到的质疑，其实是对这一层面的质疑，并不是通常所理解的专业的概念，实际上针对的是学士学位的授予依据。

一级学科（First-level Disciplines）是根据学科研究对象、范式、知识体系和人才培养的需要划分的学科分类体系，是具有共同理论基础或研究领域相对一致的学科集合。一级学科原则上按学科属性进行设置。根据国务院学位委员会、教育部印发的《学位授予和人才培养学科目录设置与管理办法》的规定，一级学科目录由国务院学位委员会和教育部共同制定，是国家进行学位授权审核与学科管理、学位授予单位开展学位授予与人才培养工作的基本依据。2011 年 3 月，国务院学位委员会和教育部颁布修订的《学位授予和人才培养学科目录（2011 年）》设置了 110 个一级学科。[2]

二级学科（Second-level Disciplines）是根据学科研究对象、知识体系和人才培养的需要，在一级学科内进一步划分的若干种既相关又相对独立的学科、专业，是组成一级学科的基本单元。根据国务院学位委员会、教育部印发的《学位授予和人才培养学科目录设置与管理办法》的规定，二级学科原则上由学位授予单位依据国务院学位委员会、教育部发布的学科目录，在一级学科学位授权权限内自主设置与调整。教育部有关职能部门在对现有二级学科的招生、学位授予和毕业生就业等情况进行统计分析的基础上，将已有一定数量学位授予单位设置的、社会广泛认同的且有较大培养规模的二级学科编制成二级学科目录。二级学科目录每 5 年编制一次，供学位授予单位实施人才培养时参考。[3]

我国先后施行过四份学科专业目录。第一份是 1983 年 3 月国务院学位委员会第四次会议决定公布、试行的《高等学校和科研机构授予博士和硕

---

〔1〕 匡维：《从学科结构看我国博士研究生的学术职业发展》，载《研究生教育研究》2011 年第 6 期。

〔2〕 《学位授予和人才培养学科目录（2011 年）》，载 https://max.book118.com/html/2016/0927/56054964.shtm，最后访问时间：2020 年 3 月 14 日。

〔3〕 《学位授予和人才培养学科目录（2011 年）》，载 https://max.book118.com/html/2016/0927/56054964.shtm，最后访问时间：2020 年 3 月 14 日。

士学位的学科专业目录（试行草案）》。第二份是 1990 年 10 月国务院学位委员会第九次会议正式批准的《授予博士、硕士学位和培养研究生的学科、专业目录》。第三份是 1997 年国务院学位委员会、国家教育委员会联合发布的《授予博士、硕士学位和培养研究生的学科、专业目录（1997 年颁布）》。第四份是 2011 年 2 月国务院学位委员会第二十八次会议审议批准的《学位授予和人才培养学科目录（2011 年）》。目前，通行的依据是《学位授予和人才培养学科目录（2011 年）》，[1] 以法学为例，我们将这些概念之间的关系制作成如下谱系图例，鉴于学科目录种类繁多，对于其他类别的学科，不再具体描述。

表 1　学科谱系表（法学）

学　科	学科门类	一级学科	二级学科	三级学科
人文与社会科学	法学	法学类	法学	法学理论、法律史、宪法学与行政法学、刑法学、民商法学、诉讼法学、经济法学（含：劳动社会保障法学）、环境与资源保护法学、国际法学（含：国际公法、国际私法、国际经济法）、军事法学
			知识产权	
			监狱学	
			信用风险管理与法律防控	

[1]　《学科目录》，载中国学位与研究生教育信息网：http://www.cdgdc.edu.cn/xwyyjsjyxx/xwbl/xwzd/xkml/，最后访问时间：2020 年 3 月 14 日。

续表

学　科	学科门类	一级学科	二级学科	三级学科
			国际贸易规则	
			司法警察学	
			社区矫正	
		政治学类		
		社会学类		
		马克思主义理论类		
		公安学类		
	文、史、哲、经、管、政、社等七个门类			

三、专业与专业教育

区分了几个容易混淆的概念后，接下来我们需要回到专业的概念，首先需要从教育学的角度，结合专业教育的概念，谈一下，什么是专业。

专业教育是和通识教育对应的一种高阶教育形态。从教育学演进的谱系来看，有一对教育概念一直陷入一种纠缠的关系网络之中，这组概念就是专业教育和通识教育。现代大学的教育起源中，实际上也存在着所谓通识教育和专业教育之间的纠葛。最早期能够被归入高等专业教育者为法学、医学和神学，偏重于从事未来职业的专业技能和高阶伦理的系统训练。与之相对，早期大学中，另外一种教育则是为了训练人的自由心智而进行的，也就是现在通常所说的通识教育，有时也被称之为自由教育或博雅教育。从阶段上来划分，通识教育一般在专业教育之前，它的主要功能是出于心智养成之目的，为接下来的专业教育做准备。因此，从层级上来看，它是大学专业教育的前置阶段。从早期的大学开始，这实际上形成了一个传统，某些特定的专业教育，因为对应着特定的职业，往往需要更高层次的自由教育为其奠定基础，于是，这一理念在一些国家也就被保存了下来，依然存在于某些大学里。比如，美国的法学、医学等专业，都被视为特殊的专业教育，或可将其定义为职业教育，因此大学要有专门训练心智的通识教育来为这些专业教育奠定基础，这样也就有了通识教育和专业教育在大学中共存的局面。但实际上，目前来说，这种高阶的专业教育，也就是职业教育在当代社会分工和知识体系细分日益精细的今天，已经越来越少了，知识体系的专门化使得大学的教育形态主要是专业教育，具体对应的是特定的知识体系，至于是否对应特殊的职业，除了法学、医学之外，并没有那么重要。

专业是高等法学教育的基本单元。接着专业教育和通识教育的区分说，为什么现在大学更多的是专业教育呢？其原因主要在于教育分工的不同。大学的多数专业并不严格对应未来的特定职业，因此所谓的心智基础，也就不需要大学予以特殊化训练了，这项工作的主要完成者留给了大学前的教育。以我国为例，通常上大学的年龄为 18 岁，经过了初等教育和中等教育，其主要功能之一就是为未来的高等专业教育奠定心智基础，一定意义上具有公共基础教育的属性。至于这一功能在中等教育阶段贯彻执行的效果如何，则是另一个层面的问题。承担教育功能的不同，决定了教育模式的不同，现代大学是以专业教育为基本形态的，是为学生未来进入社会工作做好某一个特定领域的知识储备。之前，我国高等教育不发达，中专院校尚且流行时，进入中专也是一种特殊的专业教育，实际也是为了未来就业所进行的区别于通识教育的教育形态，只是层次较低而已。在当前我国高等教育毛入学率达到 48.1%，处于由高等教育大国向高等教育强国迈进的阶段，对一般人而言，首次接触专业，都是在高等教育阶段，其原因也正是在这里。

专业教育贯彻高等教育全过程。专业教育是大学教育的基本形态，它本身是贯穿大学人才培养全过程的，也就是贯穿大学的各个学位获取过程之中，从本科到研究生，都是专业教育。当然，我国高等教育本科阶段也有一些所谓的通识教育或自由教育形态，比如各种实验班，比如书院制、文科综合实验班等形式，这些主要出现在研究型大学，目的主要是培养高阶性人才，认为其专业教育需要更高的心智或公共知识基础。但这些现象的出现是对刚刚进入专业学习的高中生本身综合素质持怀疑和否定态度，由大学承担一定的博雅教育或是自由教育的功能。但实际上，这本身并不是对于大学专业教育的否定，而是对中国应试性中等教育的否定和反思，因为大学前的博雅教育，没有完成好培养身心健康的预备大学专业学生的职责，导致大学不得不分出一部分时间来进行博雅教育。主体上，大学仍然是以专业进行划分的形式，这和中等教育阶段，什么都学的教育，是不同的形态，博雅教育或自由教育不是，也不应该是大学的主要教育形态，哪怕是本科阶段，也仍然如此。[1]当然，这本身并不排斥如特定国家因传统不同，而对法学、医学等特殊的专业教学进行的特殊形态的本科通识教育或自由教育。

四、大学专业的管理属性是什么？

通过以上描述，我们对于专业大体有了一个判断，比如专业是以学科为基础的，它是一种专门的知识。专业是高等教育的基本单元，对应的是高等教育的学位和学力。专业是高等教育的基本形态，贯穿高等教育全过程，和通识教育或自由教育对应。以此为基础，仅就高等教育而言，我们可以给专业下一个定义：以学科为基础，在公共基础教育之上由高等教育机构开展的某种专门学问。但在具体的理解上，还需要结合语境予以区分，不过当我们把握了它是以某种特定的学科知识体系传授为目的，为未来的职业做专门知识储备之后，我们也就能够将专业和其他概念之间的差异弄明白了，尤其是和学位学历之间的关系。

在正规的高等教育阶段，专业主要是学位与学历的统一。高等教育的管理的基本依据是《学位授予和人才培养学科目录（2011 年）》，这也是专业教育合格的基本依据。同时，正规的高等教育本身是一种特殊的教育经历阶段，除了学位之外，还有相应的学历与之对应。目前，学历授予的依据主要是最新修订的《普通高等学校本科专业目录（2020 年版）》，日常的载体一般为毕业证书，当然也有肄业证书和结业证书等其他非常态形

---

[1]　刘坤轮：《法学类和法学专业究竟指什么？》，载《人民法治》2019 年第 10 期。

式。因此，在正规的高等教育阶段，专业是学位与学历的统一，只不过这里的学历对应的并不是学科门类，而是根据不同的学位阶段，对应不同的学科类别。比如同样是法学学位，具体的学历可能就大不相同，可以对应以上表格中各种各样的学历，以此也就形成了日常话语中概念的维度边际。以法学为例，本科阶段的学位主要是法学门类，但毕业证学历则主要是二级学科，也就是监狱学、知识产权等具体的专业，修订后的专业数量达到了44个，可见其内涵之间的区别非常大。到了研究生阶段，区别则更大，同是法学硕士或法学博士学位的专业，具体的学历可能就要书写到了三级学科，变成了法学理论、法律史、宪法学与行政法学等专业类别，内涵差异也就更加巨大了。如果不能把握好这些差异，自然分不清专业的边际，容易对一些问题的认识出现混乱。

非正规的高等教育阶段，专业可以和学历适度分离，但必须黏合学位。与正规的高等教育相对，我们还有成人教育等其他高等教育形态。不同于正规高等教育，接受成人教育者一般缺乏高等学校的完整的正规学习经历，因此所获得的学位和学历也有着类型的差别，一般需要标注好接受教育的具体类别。但是，对于非正规教育形态，国家层面的鼓励和认可方式在不同阶段是有所差别的，就研究生教育而言，日常话语中的所谓在职研究生，可以分为在职攻读、委托及定向培养、研究生进修班以及同等学力申请硕士学位等基本形式。其中，对于在职人员攻读专业硕士学位和委托及定向培养的，国家可以通过学位和学历两种背书形式予以认可，这时候，专业和学位是不分离的。但是，对于研究生进修班和同等学力申请硕士学位，其主要采取的认可方式为学位背书，这个时候，专业和学位也就出现了一定的分离，但是和学位却是一直黏合在一起的，这也是我们理解专业所应该注意的。

最后，需要补充说明的是，专业除了专门的学问或知识指涉外，还有其他的内涵，比如我们说某个人在某一领域很专业，指的是专门从事某种学业或职业。我们说专业部门，指的是具体产业部门的各业务部分。这些当然和高等教育并不相关，因此也和学位学历等制度没有关系，但也是需要我们予以注意的。综上，通过区别几个关联概念，厘清专业及教育的来龙去脉，对于高等教育的专业，除了以上的属性，我们还可以，并应当从教育管理视角予以界定，惟其如此，才能够对一些社会认知的混乱做出有力的回应。从这一视角来说，高等教育的专业一般是学位与学历的结合。记住这一点，我们就可以对除一些只有学位背书的高等教育形态之外的基本问题予以回应了，大部分的问题都是因为没有把握住学位管理的规定，将学位学历分离开来，从而以专业淹没了其他的教育概念，进而造成了对问题的误读，包括且不限于前文所列的"不能把法学当做专业收容所"。[1]

---

〔1〕　冬夜梅馨:《教育部：不能把法学当做专业收容所》，载 https://mp. weixin. qq. com/s/4kKs HoNliX4e2BFiwf9L1g，最后访问时间：2020 年 3 月 14 日。

"社会学的想象力"：课堂训练与实地调查

——一份基于校教改立项的教学工作总结

商 磊*

导 言

"社会学的想象力"是美国社会学家米尔斯提出的概念。作为一名富有学术良知和责任感的社会学家，他以独特的视角和极具创造性的精神提出了"社会学的想象力"这一概念，在社会学研究中具有深远的影响意义。米尔斯从宏大理论、抽象经验主义、形形色色的实用性、科层制气质、科学哲学五个方面详细分析、具体阐述了社会科学久而成习的偏向，批判了传统学科狭隘的僵化界限，提出了运用个人经历、社会历史与时代生活相联系和思考问题的方法和思想来进行社会学研究——这是一种独特的心智品质。米尔斯认为，社会科学家作为文科教育者，他的政治职责就是不断地将个人困扰转换为公众论题，并将公众论题转换为它们对各种类型个体的人文意义上来。社会学的想象力是分析作为个体的我们与塑造我们生活的更大的社会和历史力量之间关系的能力。他认为，如果不能理解我们所处的时空就不能理解作为个体的我们是谁。正如社会学家彼得·伯格所说："每一位个体

* 商磊，中国政法大学政治与公共管理学院行政管理系教授。

的人生都是社会历史的一段插曲，后者为前者拉开序幕并会延续下去。"
米尔思希望我们能把"社会学的想象力"作为一个实用工具，来理解社会
如何对我们的生活施加影响。它要求我们分析这幅宏大的画面。在宏观分
析方面，社会学要从根本上寻求站在社会之外，以一种超然的立场去做观
察，对决定我们生活的大过程加以描述，"不参照贯穿于个人生活历程的各
种制度，就不可能完整理解个人的生活"；[1]在微观分析方面，需要懂得
如何通过日常互动建构我们的社会。我们既需要自上而下的去分析社会的
结果，从而使我们明确把我们联系在一起的许多方式，同时也需要了解我
们个人生活经验的具体细节，以便更好地理解我们建构及体验这些关系的
方式。

　　"社会学的想象力"作为一种分析社会问题的工具，使我们有能力看
到每一个私人难题后面都有一个公共问题。打一个医学上的比方，不考虑
潜在的社会问题就试图解决私人问题，就像不明了引起疾病的根源而去治
疗症状一样。这种社会学的想象力是研究社会现象的学者必须要具备的素
质。如社会学家乔恩·威特指出的那样，"社会学的想象力"要求我们能
够摆脱狭隘的个人观点，在思想上同我们在社会中所处的位置保持一定的
距离，更清楚地认识个人活动同社会事件和社会模式之间的错综复杂的联
系。"社会学的想象力"作为社会学的一个看待问题的方法意在让学生懂
得：社会学鼓励我们后退一步以更宽广的视角完整的审视我们这个世界是
如何相互作用、相互影响，又鼓励我们走近一步察看我们日常生活中的具
体经验，从而使我们得以了解全局，寻找日常生活的意义。具体来讲，理
解社会学的工具意义含有以下两个层面：①个体社会学是生存的工具，它
揭示了我们与其他个体的关系，与社会团体的关系，与信仰的关系，与规
范的关系，与物质对象的关系，与自然环境的关系，社会学试图分析包裹
我们的关系网，帮助我们理解关系结合的过程，以便揭示我们是如何思考
和行动的。②公共社会学是改革的工具。除了可以帮助我们更深入地理解

---

〔1〕　〔美〕C. 赖特·米尔斯：《社会学的想象力》，陈强、张永强译，生活·读书·新知三联
书店 2001 年版，第 177 页。

作为个体的我们所作所为的原因，社会学还要求我们放眼世界并提出这样的问题：我们如何行动可以让世界变得更美好？[1]

基于这样一种教学理念，在原有良好教学效果与教学成绩的基础上开展了教改立项研究的工作。

一、课堂教学

(一) 教学目标

《社会学概论》的课堂既讲授社会结构宏观层面的内容，也讲授社会互动微观层面的内容，既包括社会学经典理论的介绍，也包括对当代社会学文献的分析，而最重要的是启蒙学生们关注社会热点问题，最大限度的激发学生批判性的独立思维和思想探索，面对国家、民族、社会、历史与文化，反思过去、质疑现在、构想未来。这其中，培养的是一种独特的整体看问题的视角——"社会学的想象力"：要据此理解每一个"私人难题"后面都有一个"公共问题"，以及二者之间所构成的深刻关系。课堂传达的主导思想，是引领学生们拥有一种"理解、质疑、关心"的心智品质与人文情怀，在个人细腻情感与社会辽阔画卷的交汇处明晰选择，在内在生命体悟与外在入世生涯的兼顾中均衡拥有。

笔者在长期的教学实践中，采纳的教学方法与管理学家彼得·圣吉关于组织修炼的管理思想深度契合。他的《第五项修炼：学习型组织的艺术与实务》是一部重要的管理学名著，成为我国研究学习型组织理论和建设学习型组织的重要参考书。该书提出的五项修炼不只于为管理领域提供诸多启示，将其管理思想落实于大学课堂，同样有许多值得我们进一步思考和深化的地方。课堂上，教师就是一个管理者，课堂就是一个"学习型组织"。学习型组织是一个具有全面准确性、高效无损性和决策最优性的信息处理系统。这个系统通过高度优化的信息流，通过挖掘团队集体智能，使整个组织像一架高速运转的机器。在建设各种类型的学习型组织时，要

---

[1]　[美] 乔恩·威特：《社会学的邀请》，林聚任等译，北京大学出版社 2008 年版，第 316～317 页。

依据自由、平等、人本和开放的理念，把组织构成成为一个完整的信息处理平台。课堂正是通过"学习型组织"般的"深度汇谈"达到师生心智模式的共同转化，引导学生做一个拥有宽容通达性格、理想悲悯情怀、冷静客观理性能力的身心健康者。教学过程中，教师理性认识自己、全面理解教学的意义，学生充分领悟教师的引导、学习中全面反思自己。社会学不仅给予了我本人洞悉全景的观察力与整体分析问题的视角，也激发我把社会学这种宝贵的思想财富给予我的学生们。

（二）教学内容

因为是本科教学，该课堂的宏观结构，由教师讲述，每一讲四节课中会有20分钟安排学生小组穿插其中配合主讲内容进行案例专题讲述。这个部分，学生根据自己的研究取向和学理兴趣，将结合本讲的案例专题做出充分的准备，成为某一主题的主讲报告人，进而再引领全班同学的进一步讨论。老师会启发同学们运用观察事物整体联系的洞察力，通过"社会学的想象力"，看到"面具背后的东西"。专题小组主要围绕以下几个大问题择取案例与扩大范围："文化与价值观比较分析""人的社会化""社会性别的内涵与理解""社会越轨与失范""社会交换与利他主义""集合行为与群体性事件""社会分层与社会流动"等，同学们在此基础上涉及很多具体问题，比如文化是否有先进与落后之分的问题、同性恋与标签效应问题、留守儿童问题、社会歧视问题、大学生犯罪问题、代际冲突问题、再社会化与继续社会化问题、人的现代化问题、社会化与人的自由问题、性与爱的关系问题、户籍制与农民工迁徙问题、棚户区改造问题等丰富的内容，同学们运用课堂所习得的分析社会问题的方法，充分贯彻"社会学的想象力"这样一种社会学独有的分析工具，激发脑力、勤奋查阅、深度汇谈，取得了良好的课堂效果；而尤其难能可贵的是有些小组成员能够继续深化问题，后期将其发展为学术成果：或者拓展为大学生国家级创新项目、校级创新项目或者发展成学年论文、毕业论文。

（三）课堂特点

本课堂最大的特点是通过多方互动，达到了"深度汇谈"的课堂氛围。具体体现为：①具有突出的互动性，全方位调动学生的参与热情。教学过程中，教师不再是课堂的主角，扮演的更多的是一种启发者与管理者的角色。学生不但积极回应老师所提问题，同学之间还会即兴彼此提出并讨论问题。学生因主动学习与积极参与，从教材扩展到与该课程相关的知识体系和实践领域，收获也超越了一般的知识的接受，避免了学习过程的机械性与片面性。②建构民主、平等、现代的师生关系，营造激发师生自我创造、自我实现、自我超越潜能的教学氛围。师生亦师亦友的良性沟通模式，为参与者提供了相互激励的空间背景。在人格平等基础上的交流讨论，可以触及学生思想深处的一些东西，在价值判断陈述、批评和共享的过程中，自然地完成了对师生双方心灵的再塑造过程。③将合作精神引入课堂。课堂虽然鼓励辩驳争鸣，但是其中合作的精神才是我们追求的目标。正如彼得·圣吉在《第五项修炼：学习型组织的艺术与实务》中引用的物理学家戴维·伯姆开发的"深度汇谈"方法。交流的方式分为两种：分别是商讨（discussion）与深度汇谈（dialogue）。商讨就像是打乒乓球，我们在打的过程中将球打来打去，就像是大家在共同的兴趣下，基于各参与方的多种视角被分析解剖，游戏的目的通常是取胜，而在这里的取胜意味着让大家接受自己的观点。伯姆认为，我们更需要一种不同的沟通方式，即深度汇谈，来改变这种优先选项。"深度汇谈"这个词来自希腊语，其更广义的时候指意义，是意义在人与人之间的自由流动，好比河水在两岸之间的流动。深度汇谈中，大家在参与这个意义共享池，目的是超越每个个人的理解力，而进入一种个人无法单独进入的、较大的"共同意义的汇集"〔1〕。课堂上正是呈现了这样的局面——多个选题的碰撞，多侧面、多角度地对相关主题的甄别、剖析和推演，为同学们提供了一个开放、宽松、积极的学习空间，从而深化和完善了对某一问题的理解。平和、开放、积极的学习交流态度，传达了教育的"隐功能"，强化尊重、平等自由的精神，促进健康完善人格的成长。

（四）疫情带来的教学新探索——微信网课

2020年春一场疫情改变了授课方式，虽然失去了与学生们面对面交流

---

〔1〕 ［美］彼得·圣吉：《第五项修炼：学习型组织的艺术与实务》（第2版），郭进隆译，上海三联书店1998年版，第274页。

的机会，也得以尝试了新的授课形式。因为初次网络授课，由紧张排斥到收获甚丰，可谓"柳暗花明又一村"。腾讯会议与微信课堂都尝试过后，学生选择了微信课堂，理由是文字互动取代语音发言，精神更加放松、心理更加松弛、表达更加自由。课堂上，文字发言稿犹如一只只小燕子相继飞入微信课堂，气氛热烈，有互相调动激发，脑洞大开的奇异氛围。面对同学们璀璨的思想火花，作为教师真是惊喜不断。同学们或不同侧面相互补充、或立场不同相互质疑，老师作为积极倾听者、课堂气氛营造者、友好公平的理解者，会适时插入其中，在进一步的讲解中深化讨论问题，分析同学们所持立场不同观点的深层原因，老师对问题的深化与引导既能加深同学们对问题的理解，又能始终将课堂气氛维持在一种友好的分享状态。经过统计，课堂同学积极参与者达到80%左右。正如苏格拉底所说的那样，每个人都有关于智慧与学识的"记忆"，教师的使命在于唤回这种"记忆"，老师的启发作用是将有形化为无形，在无为而无不为的存在中鼓励同学，引导同学，激励他们的信心，给予他们最大的自主性，于春风化雨中培育人格成长。人文科学追求解决人自己的问题以及人与自然、人与社会的关系，社会科学鼓励观察社会、反思社会以及有效的治理社会，疫情之下，激励同学们持有这样的人文情怀与社会责任感面对以上问题并且深入思考以上问题，是老师的责任，更是社会学的使命所在。为继续秉持"社会学的想象力"这样一种社会学理念，为了同学们更好的理解私人难题与公共问题的关系、乃至于世界万物之间相互连接、相互作用、相互交换的关系，该学期推荐阅读资料不仅包括经典书籍，还包括影像等网络学习资源。老师需要引领同学们的是，只有大量阅读与接触有价值的资料，才能接近历史与自然的真相，对纷繁复杂的事物有所理解，做出比较客观准确的判断。大学的学习本就应该是开放的，开放才能够把局限一个人的思维惯性尽量减少。此次授课中，最为宝贵的是，我们抛弃了局限于教材与笔记的刻板，倡导与引领学生主动学习。半年的网上学习也是一个由被动学习转入主动学习的契机，同学不必辗转于上课铃与下课铃中，焦虑于不得不面对更多选择时的困惑与身不由己，使同学们有了反思、追究、遐思和冥想的时刻。这种主动性探究性的学习使学生发现了更多的学习与思考的乐趣，因而在认知和情感两方面都获得了完善。学期结束时，师生皆热爱上了微信课堂这样一种既有"前台"配置又有"后台"放松的一种授课方式。在最后一节课，老师留下结课寄语，与课堂开篇寄语相互呼应，社会学课在一学期师生共同探索与参与中落下依依不舍的帷幕。

课堂具体安排如下：在学期伊始，本人便将本学期课程安排、全部主讲内容、单元安排、课堂课件、课堂资料、教学大纲、本人写作的名著导读以及考试安排等详细总结成文发送给同学，并为同学们写了开篇寄语《给同学们的话》。网课因为没有面对面的情感感染影响，如何维持课堂效果、保证绝大部分同学出勤率与参与热情，是老师必须要思考的问题。具体设置如下：首先，每上一节课，严格做到课前准备，包括该节课的教师主讲问题、主要设计的提问问题、预留课前预习内容，如观看北京大学《社会学概论》教学录像及相关阅读参考资料；其次，课中控制，包括同学们的小组发言讨论时间、教师讲解问题当中的自由讨论发言时间、教师回应问题答疑与内容讲述的分配时间；最后，课后反馈，助教将该节课主讲问题、主要讨论问题、小组发言问题课后总结后再发回课堂，供同学们复习回顾以及做好下节课的预习准备，使课堂如一篇首尾呼应，逻辑谨严、一气呵成的原创作品，有回味无穷、兴趣盎然之感。三大环节严格执行于一学期的课程中，最终使我们的课堂由学习任务上升为思想碰撞带来的精神享受机遇。每一节课后的课堂总结虽然简单，远不能涵盖课堂老师讲解、学生讨论的丰富的内容，但因其的承上启下，对同学们收藏回忆、持续学习具有一定价值。一学期每节课的教学总结作为教学心得，既可窥一斑而见全豹的了解本课堂的一贯认真严谨的教学作风，也可视为本研究的延伸性成果。

需要说明的是，网课因缺少了面对面的互动，需要老师和同学付出更大的心血，其中的课堂设计显得尤为重要。第一，教师若想取得优异的教学效果，需要如园丁打理自己的花园，如艺术家严谨于作品的每一个细节。而且教师在备课过程中，必须具有战略前瞻性和理论统合观，对于课程进度需要做大量的案头准备工作，拟定详细的具有内在逻辑关联的整体筹划纲要，形成一以贯之的学术脉络，并将讨论内容分割形成具体的、可操作性的系列相关主题，从而使整个课程的演进层次思路清晰、主题分明。教师还需将学生讲授的专题等有关操作分配到具体的每一小组，从而使当事人有充足的时间去准备，也让同学提前去理解、体会有关的专题内容。第二，小组成员则需要认真选题，将"社会学的想象力"这样一种看待问题的特殊视角应用到问题的分析之中。因为力图培养同学们的社会良知感与责任感，以去除商业化下青年人灵魂麻木、耽于娱乐、疏于思考的时代弊病，唤醒学生的独立思考能力、分析能力、批评能力以及解决问题的能力，教师要注重启发，严格要求学生，拒绝做表面文章，以流于形式的干巴巴的表格数据应付差事，课堂互动包括教师讲授过程中的自由提问（其中一些问题也属于事先设定好的）和学生的小组发言。主讲问题老师给定与学生在专题内容区域里自由选择两部分，这样可以让发言同学充分表达他们真实的看法与思想，而不必拘泥于一些预设的问题。

二、实地调查

米尔斯在"社会学的想象力"中强调，社会学家应该直面时代大问题，承担起相应的公共职能，反对狭隘的经验研究与科学主义，提醒学者不要让术语和数据掩盖了事实本身；社会学家做研究不应该脱离历史，历史学与社会学是不能割裂的关系，具有想象力的社会学必然是具有历史穿透力的社会科学；社会学研究应该基于研究者自身的经验，面对历史大问题时，先反思个人经历，再把个人经历与历史变迁结合起来，这样的研究才是生动感人、富有生命力的。这便是一种由小见大、大中见小的社会学的想象力。

本课堂秉持这样一种开放性的创造性的社会学思想，将"社会学的想象力"由校内课堂延伸至社会大课堂，增加社会调查教学实践环节，深入社会腹地，带着其"理解、质疑与关心"的情怀走向社会，弥补了学生社会经验不足的缺陷。鼓励学生通过实地调查、亲身经历、深度访谈，进一步体察民情、培养社会责任感、致力于未来成为改良社会的一分子，将费先生开创的"乡土中国"之路重新体验亲历，将课堂上至始至终贯彻的"社会学的想象力"的独特视角应用于真实的社会实践，触摸社会活生生的跳动脉搏，弥补同学们缺乏的社会经验，从而获得宝贵的社会认知与人生觉悟。使社会学课堂更加彰显社会学的特色与魅力，使同学们学以致用，"学以成人"。

增加的实地调查教学环节与指导思想如下：第一，带着问题走出去，学以致用，体察民情、培养人文情怀和社会服务意识、锻炼治学能力，有效激发学生的求知欲与治学热情，激发学生的创造动机和创造性思维，实现从知识再现型向知识创造型的飞跃。第二，把调查结果带回来，专题讲述，全班讨论。进一步对学生的"社会学的想象力"进行启发引导，使真理越辩越明。创新精神意味着打开胸襟，"虚怀若谷"，克服中国学生历来有学习成绩优异但创造精神不足的问题，对于无论课堂还是超越于课堂乃至于天地自然，有超越出"框架"的勇气和智慧品质。调研小组后期需要将其素材整理成文并贡献于课堂，与全课堂同学进一步分享与讨论。

学生调查的主要成果有：《北京流浪乞讨人员生存现状及管理制度缺陷的研究》《冲突与融合：文化传承与商业化推进的平衡尝试——对于南锣鼓巷地区现代化、商业化的调查报告》《女大学生卖卵：孕育不了的生命之轻——非法买卖卵子问题的分析》《乡村教师视角下的"撤点并校"研究——以苏北五市为研究对象》《基于深圳三和人才市场调查的社会越轨问题探析》，等等。

三、讨论与启示

回顾此次教改立项研究的成果与笔者多年的教学经验与教学成绩，有以下几点启示与同仁讨论，以期对学校教学有所贡献。

（一）教育理念

诚如人本主义心理学家罗杰斯所说，教学改革，教学理论的创新以及教学观念的改变，首先是师生关系的更新。人本主义学习理论有一个基本的假设，每一个正常的人犹如一粒种子，只要能给予适当的环境，就会生根发芽、长大并开花结果。如果我们理解并认同马斯洛的观点，自我发展、自我实现是每一个人最基本的需要，那么教师也就应由原来的权威者、控制者或指导者变为催化剂或促进者，成为方便学生学习、帮助学生达到真正自我实现的人。这方面，罗杰斯"以学生为中心"的教学方法能够给人很大的启示。尽管罗杰斯的非指导性教学强调"以学生为中心"的学习方法，但并没有否认教师的作用。"非指导"不等于不指导，它强调指导的间接性、非命令性，以区别于传统教学中的那种直接告诉、简单命令、详细指示式的指导。在提倡"以学生为中心"的教学模式中是师生共同参与的，学生不再被动接受学习任务，而是与教师协同制定学习方案。教师的根本任务不只在于传授知识，而在于建立一个积极接纳、具有安全感的，促使学生自我学习的学习环境；教师扮演的角色不再是发号施令的上司，而是学习活动的咨询者和合作者，学生情感的分享者、护卫者与引导者。

（二）教学方法

学习是一个情感与认知相结合的整个精神世界的活动，而学习过程就是学生与教师两个完整的精神世界的互相沟通、理解的过程。即在教学过程中，教师应尊重学生，与他们在感情上和思想上产生共鸣，通过情意因素来促进学生自觉自愿地积极学习。单纯的灌输的效果只是隔膜、麻木，甚至还有排斥，只有学生自己发现，真正同化到自己知识结构中与心灵中的知识才会感同身受，学到的知识才是有意义的。更重要的，教学不是直接传授某种知识，而是传授获得这种知识的方法，也就是教学生去发现和创造的科学方法。本研究正是基于"社会学的想象力"这样一种能够概括社会学整体看问题的方法，带领同学们理解社会学视野下的分析视角：①理解"社会学是看社会的一种特殊视角"。②理解"社会学的想象力"的含义。③尝试运用社会学的视角进行实例分析。社会学的视角帮助学生去理解影响一个问题的多方面的社会因素，去理解整个体系是如何运转的，帮助学生理解社会学的视角通过揭示人们行为背后更广泛的社会背景，帮助我们摆脱狭隘的个人视野束缚，将看起来毫无关联意义的事物置于一个总的观察框架之下。比如，为什么社会学者要做"熟识世界中的陌生人"？为什么"社会学家最需要知道的是隐藏在人们面孔后面的东西"？为什么社会学关注群体甚于个人？你能就关于社会学的"隐功能"举例说明吗？另外，教师每节课前的布置作业与推荐阅读资料，课下的辅导答疑也是围绕社会学这个特殊的视角选材与指导的，其最终目标是培养同学们拥有一种"社会学的想象力"。

（三）课堂上的人际关系

课堂中营建一种良好的开放的自由心理氛围，有利于学生自身资源的开发。所以正如人本主义教育家们提醒的那样，真实、信任、理解的人际关系对于一个教学课堂是非常必要的。罗杰斯说："只有当我们创造出这样的自由气氛时，教育才能成为真正名符其实的教育。"这种自由的心理气氛实际上就是指课堂中师生之间、学生之间的情感沟通与交流，也就是平等的师生关系、友好的学生关系。在教学过程中，教师要善于倾听学生的意见，重视学生的情感，欣赏并赞扬学生的优点，同时也宽容其缺点，维护学生的尊严与爱好，设身处地理解学生思想、情感以及对世界的态度，不轻率对对方作定性评价。心理气氛是教学获得成功的一个很重要的元素，课堂上，师生之间不只是知识交流，还有情感的交流。师生关系由权威式转向了平等合作的交流。还需要注意的是学生之间的关系，一是教师需要关注所有课上同学，避免某些擅于发言者过多的话语权，鼓励内向怯弱的同学敢于表达观点、帮助他们在表达中确立自信，使课堂避免两级分化；二是课堂气氛热烈，辩论激烈诚然可贵，但要注意避免同学之间因此留下芥蒂造成情感伤害，教师应善于引导总结，在巧妙地深化讨论问题时，使同学们发现辩论双方各自的观点价值，达到辩而论之的效果。课堂通过多个层次的友好互动，避免了无生趣的局面，而建立了一个充满生机、散发人情味的教育园地与思想花园。

（四）教育的宗旨

培育完整人格、充分挖掘学生的潜能。当教师不再视自己为教学的中心人物，不起唯一评判的作用，而是作为课堂一员参加学生的活动，以真挚、坦率的态度与学生平等相处，相互交流思想感情时，教师便是一个重视潜能、把开发或学生的自我实现放在第一位的人了，这时，教育宗旨才真正体现出来。联合国教科文组织在《学会生存：教育世界的今天和明天》的报告中指出：明天的文盲将不是目不识丁的人，而是不知道如何学习的人。人本主义教育观认为，教育目标应是促进"整体的人"的学习与变化，其价值追求是"完整人格"。"社会学的想象力"正是这样一个整体看问题的视角，这种理念并非一种空洞的传授，而是真正体现于课堂的实践中，体现于教学过程的执行细节之中，使同学们切身体会其中的哲理所在。当我们把这样一种整体看问题的方法贯穿于教学互动中时，首先，这种整体性不仅指在身体、精神、理智和情感各方面达到整体化，而且指在人的内部世界与外部世界的联系方面也追求和谐一致，也即是身心的全面发展；其次，教师应理解到学生正处于成长过程，应不断启发他们发现新事物的能力以获取新经验；再次，教师应激励学生们的创新性，激励他们秉持"社会学的想象力"这样一种特殊的洞察力，培养走入社会、观察社会、实践社会、服务社会的创新精神。教育目的不仅是传授知识，更重要的是塑造健康人格，通过发展教与学双方的潜能，使教师与学生双方共同成长，知情合一、知行合一，这才是教育追求的最终宗旨。

总之，在《社会学概论》这门具有魅力的课堂上，人与社会的关系是永恒的话题，人类追求文明的进程永无止境，在这个课堂上，教师与学生超越了"传授知识——接受知识"的传统模式，在学术交流的基础上进一步革新观念与认知，达到心灵共同的成长与升华。在这个过程中，有益的教学活动充分挖掘课程参与者——学生和教师两个方面的人格与学术潜能，最大限度地进行认知互动，从而深化对课程主题的认识，实现学术交流的最佳效果，达到"学有所获、教学相长、日学日进"的教育境界。

教育与管理

Jiao Yu Yu Guan Li

浅谈高校科研秘书在"双一流"建设中的职能转变

高　姗*

　　科研秘书作为高校科研管理队伍的一个特殊群体，既是二级学院科研活动的组织者和执行者，也是贯彻落实高校科研政策的重要力量，与学校科研管理队伍一起，是科研工作的基础，承担着管理与创新的重要使命。从 2015 年《统筹推进世界一流大学和一流学科建设总体方案》的出台，我国高等教育开始进入"双一流"发展时代。2017 年，"双一流"建设高校名单的公布，也使"双一流"建设进入快车道。在这种情况下，作为高校科研管理队伍重要组成部分的科研秘书，为适应这一形势，必将迎来新的挑战，与此同时，其相关职能也必然发生转变。

一、"双一流"建设给科研秘书工作带来的新挑战

　　2015 年 8 月 18 日，中央全面深化改革领导小组会议审议通过《统筹推进世界一流大学和一流学科建设总体方案》，2017 年 1 月，经国务院同意，教育部、财政部、国家发展和改革委员会印发《统筹推进世界一流大学和一流学科建设实施办法（暂行）》。该办法坚持以"中国特色、世界一流"为核心要求，坚持"以一流为目标、以学科为基础、以绩效为杠杆、以改革为动力"的基

＊　高姗，中国政法大学法治政府研究院助理研究员。

本原则统筹推进世界一流大学和一流学科建设（以下简称"双一流"建设），这是中共中央、国务院深化教育改革作出的重大战略决策，对我国新时代高等教育发展产生了重要的影响。

"双一流"建设是中国高等教育发展的国家战略，高校建设既要比肩世界一流大学的办学标准，又要立足当前国情，为中国的社会发展做出贡献。学科建设不仅要做到国内领先，也要达到国际前沿水平，建设具有中国特色、中国风格、中国气派的一流学科，提升国际影响力和话语权。根据《统筹推进世界一流大学和一流学科建设实施办法（暂行）》，"双一流"建设高校入选的标准，科学研究的内容是入选的重要条件之一。根据《统筹推进世界一流大学和一流学科建设总体方案》，入选后其主要建设任务之一是"提升科学研究水平"："以国家重大需求为导向，提升高水平科学研究能力，为经济社会发展和国家战略实施做出重要贡献"；"重点建设一批国内领先、国际一流的优势学科和领域。提高基础研究水平，争做国际学术前沿并行者乃至领跑者"；"打造一批具有中国特色和世界影响的新型高校智库，提高服务国家决策的能力"；"建立健全具有中国特色、中国风格、中国气派的哲学社会科学学术评价和学术标准体系"；"营造浓厚的学术氛围和宽松的创新环境"。这些都表明，科研工作在"双一流"建设中占据了非常重要的地位。也正是如此，高校为了实现"双一流"建设的奋斗目标，都把科研工作作为重中之重。

根据各个高校内部运行机制，大多数实行校院两级管理体制，尤其是在学科的主要建设主体属于学院的背景下，二级学院的科研任务必然加重，学院的科研工作重心也从被动接受转为主动组织。这种转变也使科研秘书的工作面临新的挑战。

二、"双一流"建设给科研秘书工作带来的新要求

"双一流"建设对目前高校的影响已经日益显现，尤其是入选"双一流"建设的高校，为了实现"双一流"建设的发展目标，他们也不断深化各个领域的教育改革，力求通过改革创新理顺关系，压实责任。当前，部分高校采取的和职能部门以及二级学院签订"目标责任制"的做法已经把

二级学院推到了"双一流"建设的最前沿，"提升科学研究水平"，也成为二级学院科研创新的首要思维。

在此背景下，"双一流"建设对科研秘书的工作提出了新要求：一是对科研秘书的服务意识提出了高要求。科研秘书岗位成为许多二级学院独立的编制。因教师的工作有一定的分散性[1]，这就要求科研秘书在学院的科研工作中发挥"起承转合"的作用，从被动完成学校下达的任务转变为积极主动地参与科研管理中，将多点开花的学术研究工作凝聚为学院的代表性成果，加强学科内部的资源共享与整合，协调科研工作各环节有效运转，并协同其他部门或平台推动二级学院科研工作整体运行。

二是对科研秘书的学术能力提出了高要求。为了更好辅助科研工作的开展，科研秘书要熟知各项科研制度及管理办法，及时为教师们在科研工作中遇到的问题答疑解惑，将自己的业务知识随时运用到科研服务中。在具有行政管理能力的同时，科研秘书也要加强对学科专业知识的学习，理解学科建设的内涵，了解学科的特色及研究方向，在实践工作中加强自主学习的能力以适应学科发展的需要。在"双一流"建设任务的要求下，通过总结上报的材料，最大限度地展现学科的特色与优势。

三是对科研秘书的工作方式提出了高要求。从"双一流"建设监测指标体系也可以反映出来，评价的内容从监测项目、监测要素、核心监测点由大到小逐一分解。高校建设基础信息的数据填报要求精确化、精细化、特色化，学科建设成果的数据填报要求具有标志性、重大性、代表性，每一个核心监测点都要通过一个具体数字或写实来体现。这就要求科研秘书的工作方式要不断改进，即要注重平日的积累，又要注意工作的细节，从最基层的数据记录就要用心做到让数字准确，让写实全面，确保各项工作的稳步推进。

面对这些新的要求，就需要科研秘书找准自己的定位，要结合科研工作的实际，增强"责任意识""服务意识""创新意识""保密意识""团

---

[1] 张仙玉：《产学研结合背景下加强高校科研秘书队伍建设探析》，载《长春教育学院学报》2014 年第 11 期。

队合作意识""不断学习意识"〔1〕，充分发挥积极性、主动性，参与到"双一流"建设中去。

三、"双一流"建设给科研秘书职能带来的新转变

"双一流"建设的新形势给科研秘书工作带来了新挑战，提出了新要求，这就使其固有的职能也必然发生转变才能适应"双一流"建设发展的需要。这些转变包括：从简单统计的职能向深入数据分析职能的转变；从简单提供科研服务向深度参与科研工作的转变；从被动服务向决策参谋的转变；等等，并且表现在不同的具体工作和任务中。

（一）掌握师资信息，了解业务专长

高校教师分为不同的岗位类型：教学型、科研型、教学科研型，科研成果的产出也是基于不同的岗位类型有着不同的学术价值。根据"双一流"建设遴选的条件，单一的年龄、学历、海外经历等信息已不再能体现教师的发展潜力及高校未来的学术发展方向。因此，掌握师资信息已不再专属于人事工作范畴，科研秘书要利用好二级学院教师的年龄结构、学历水平结构、人才清单等信息来了解师资队伍的科研状况，将第一手的科研申报、评选信息下达给有需要的教师，促进二级学院为不同层次、不同背景、不同学院的教师分配不同的科研资源，实现人才与资源的最优匹配。通过对学科带头人、中青年学术骨干、学术团体或国内外重要期刊的负责人、国内外奖项的获奖情况、担任国际重大比赛评委或裁判、参加人才培养的项目情况等数据的掌握，二级学院可以及时优化师资年龄结构，调整梯队构成，发现教师的学术专长及潜力，精准定位学科发展的目标。通过以老带新，实现科研业务的培育和科研业务的传承，助推青年教师成长，发掘一流人才，逐步培养学科领军人物，打造高水平的创新团队。

（二）详细统计成果，立体分析数据

科研数据的记录存档是科研秘书最基础的工作，翔实清晰的数据有助

---

〔1〕 韩文静、张海翎：《"双一流"建设背景下高校科研秘书工作意识探析》，载《教育教学论坛》2019 年第 49 期。

于科研秘书应对各种统计任务。以往的统计工作仅针对上级单位对不同类型成果的上报要求，科研秘书处于被动地位，工作缺乏创新性、主动性，数据统计不准确，统计内容缺失的现象很普遍。"双一流"建设的评价体系是多维多层的动态测评，因此数据的统计也要多维多层，横纵交织。动态的测评需要科研秘书从最基础的记录数据转变为立体化的统计与分析数据。不仅要做到毫无遗漏地统计论文、著作、研究报告、政策咨询、学术奖励等科研成果信息，还要熟练运用科研数据系统在大量成果信息中发现数据间的联系。例如，以二级学院的学科整体为单位，通过年度、季度或月份的成果数据，可以纵向比较在不同时间段，科研产出量的变动及走向，也可以横向比较本学院与其他同学科学院的差距。以单个教师为单位，可以运用科研成果数据追踪其学术成长，纵向分析其科研成果，可以发现该教师的研究方向、学术定位，及其对社会热点问题的关切度，同学科教师间的横向对比，可以发现不同教师之间科研意识的差距，有的放矢地帮助教师科研业务水平的提升。以成果类型进行年度对比，通过核心期刊、权威期刊的论文发表量，专著、编著、教材的出版量，可以发现成果产出的质量变化与数量变化，从而及时进行合理调整，避免发生科研成果的产出不均、形式单一、质量不高。根据"双一流"建设的评价标准，高校与学科的排名也是数据的排名，因此，全面、准确的数据统计和客观、有效的数据分析，成为科研秘书最基础的工作。

（三）参与项目运行，管理平台建设

科研项目是"双一流"建设的重要评价指标，科研项目不仅产出科研成果，也体现出高校科研的管理机制。以前科研秘书的工作多为项目前期的申报、登记，项目的进行全靠项目负责人自行推进，如监管跟不上，极易导致项目进度缓慢，不能按时结项，有研究无成果或成果与预期有偏差的现象时有发生。为了使项目高效运行，科研秘书要更多地参与到项目中，甚至有些工作要起到主导作用。例如：积极引导教师申报符合自己研究方向的项目，严谨审核申报材料及项目预算，协助项目负责人召开论证会及研讨会，组织中期检查评审会，监督项目进度以确保按时结项。无论是纵向项目还是横向项目，从选题征集、申报、立项、中期检查、成果鉴定到结项，科研秘书的工作要贯穿于项目始终。在掌握项目的运行规律后，可针对其团队构成、预算编制、阶段性调整等为负责人提出参考性建议。同时，科研秘书应掌握期刊、智库团队、研究基地等平台的建设情况，及时在平台上推广科研成果。科研平台的建设有助于培养人才队伍建设，增强交叉学科的互动性，提高成果转化率，是学科发展的基础设施。科研秘书对科研平台的规范化管理，有利于协调平台内部各个环节的衔接，提高平台运转效率，促进多平台间的协同合作，推进产学研一体化。科研秘书只有真正参与到项目运行与平台建设中，才能更好地为科研工作者提供从研究到成果到应用的一条龙服务。

（四）做好学术辅助，提高业务素质

"双一流"建设的目的是与世界接轨，根据"双一流"建设在科学研究方面，协同创新成效显著，在国际交流合作方面，能够深度参与国际活动，国际影响力较强的考察要求，高校二级学院要通过积极召开国内、国际学术会议来促进学术交流、分享科研成果、了解学科前沿领域。过去科研秘书在协助组织学术研讨会及学术论坛的过程中，仅需做好安排会场、发布通知、接待参会人员等行政辅助工作，会议中有价值的学术信息难以在二级学院里汇总留存。为了加强国际学术交流能力，科研秘书也要做好学术辅助，深度参与到会议的学术流程中。从撰写会议邀请函开始，就要同会议负责人确定适合会议议题的参会嘉宾、议程，收集报告、发言稿、论文等，会议结束时要及时对会议进行综述，对会议的论题论点进行归纳总结，并发布会议新闻进行学术推广。学术辅助工作要求科研秘书了解学科在国内外的地位，熟悉学科领域的最新进展，有较强的学科专业知识，并具备合作与协调的能力。由此可见，"双一流"建设对科研秘书业务素质的提升、角色职责的定位有着相辅相成的作用。

（五）关注社会服务，推动成果转化

社会服务作为"双一流"建设的遴选条件之一，要求高校要与社会发展相融合，承担起社会责任，以科研成果的转化来传承文明、普及科学、资政育人。社会的需求影响着教师的科研选题，社会服务也最能体现教师的专业优势，更利于科研成果的转化，提升学术声誉。但教师接受采访、参加学术交流、提交政策咨询、参与讲座培训等各种社会服务常被忽略记录,其主要原因是非纸质载体成果不易留存,教师本身也不重视此类成果的汇报。这就要求科研秘书具备敏锐的信息捕捉能力,定期提醒教师汇报社会服务工作,密切关注教师的个人学术动态,运用网络搜索教师的社会服务活动,将网络链接、图片、视频作为重要的依据留存。同样,科研秘书也应加强对外交流,建立畅通的信息渠道,将社会需求信息收集反馈给教师,为他们提供更多与其研究方向对口的资源,并记录好成果转化的来源项目,及时做好与考核、职称评定、绩效等挂钩的备案工作。另外,有些成果转化随着学科建设的逐步完善才能体现其价值,虽不能当时应用,但科研秘书也要妥善保存、精确分类,在必要的时候及时推向应用领域。

(六)一站式服务,提高工作效率

高校的科研管理工作很大程度影响着自身的"双一流"建设,为了解决复杂的工作流程,促进内部科研资源与信息的传递与共享,很多高校建立了一站式科研服务中心。高校一站式科研服务中心是高校引入一站式服务的理念,将独立、分散的高校科研管理服务集中、整合到一起,而形成的一种创新的高校科研管理组织形式〔1〕。科研秘书的工作是管理与服务的结合,除了科学的管理方法还需要有高效的服务方式。科研秘书的"一站式服务"就是将科研工作者在科研工作中的需求合理解决,同时将相关问题妥善反馈给各级管理部门。科研工作的顺利进行离不开校内各个职能部门或管理机构的相互协作,因此一个需求或问题往往需要科研工作者与多个部门去沟通解决。由于传统科研管理方面存在"科研主管部门是主要负责单位"的偏见,在管理上存在"三不管"地带,科研部门与财务、人事、国资和网络等部门缺少相互的服务引导和必要沟通,短时间内实现各部门业务贯通协同存在很大难度〔2〕。这种情况导致办理人多头跑、来回跑、反复提交、反复审核,既增添了科研负担,又降低了行政办公的效率。作为最了解二级学院内部科研情况的科研秘书此时要成为行政事务的

〔1〕 汪俊:《高校一站式科研服务中心模式研究》,载《中国高校科技》2015年第7期。
〔2〕 韩仁瑞、范君君:《信息化背景下高校科研管理"一站式"服务平台构建和服务策略研究》,载《科技与创新》2019年第14期。

第一受理人，尽量将需求与问题在办理人与第一受理人之间解决，如：有关申报、立项、结项、经费支出等相关问题需要科研秘书与校部职能部门、项目管理单位或项目委托单位沟通协调，及时将解决办法提供给科研工作者。在遇到复杂的问题时，科研秘书还要充分利用各种资源平台寻找合理的处理方法，缩短办事的流程，减少科研工作者的行政压力，使之有更多独立的时间专心科研。科研秘书在沟通解决的过程中也能有机会反馈现有管理制度的问题，继而有利于科研管理部门及时总结并予以修订，使规章制度更为科学合理，使管理流程更为简便优化。

（七）利用网络办公，简化沟通过程

近年来，信息化建设渗透到了各行各业，很多高校采取了无纸化办公的方式。相对传统的工作方式，网络办公节省了办公的成本，加速了信息的流转，促进了信息的共享，提高了审批的效率，大大缩短了办公流程，让科研工作者对于时间和空间的选择更加自由。科研秘书在传统工作方式的基础上也要顺应时代发展的要求，学会在云与移动时代实现智能办公。现代化的管理方式不仅高效便捷，也保证了流程的公开透明，目前常用的网络办公业务，如：在线审批、管理科研项目、在线填报科研数据信息、网络问卷调查、在线数据收集等方式的变革很大程度上降低了工作强度，减少了重复劳动，也有助于科研秘书在第一时间掌握工作进程的全面情况，及时挖掘、分析信息从而更好地辅助决策。针对不同的工作方式、不同的工作进度等差异，网络办公更利于高校科研工作者的协同工作，无疑解决了科研秘书对科研团队内部的有效管理。通过各类网络办公工具，如：在线表单、项目协作、文件协作、图片设计、网盘、视频会议等云端软件，让科研工作者利用碎片时间在各种移动终端上快速完成团队协作，提高了团队的工作效率，也使科研秘书的管理工作更为便捷。"双一流"建设的评估是对大数据的分析，同时要求高校的科研组织和科研机制健全，协同创新成效显著，这就要求进一步革新管理机构和工作机制。因此，科研秘书要积极运用信息网络，创新弹性化、灵活化、多样化的工作方法，提高科研服务质量。

总之，在"双一流"建设的大背景下，二级学院专职科研秘书稳定持续的科研辅助工作对高校的"双一流"建设起着至关重要的作用。科研工作者好比战斗在疫情前线的医生，科研秘书就是保证治疗方案顺利进行的护士。科研秘书为教师的学术工作进行补充及延伸，让他们从烦琐的事务性工作中抽身，更专心于学术研究。

2020 年，全国第五轮学科评估即将开展，评估结果将成为"双一流"建设成效评价的重要参考因素，高校的科研成绩最有量化性，具有刚性的显示度。因此，有关评估材料的客观数据、典型事例等细化与分解都将落实到科研秘书的工作中。此外，2020 年是"十三五"规划的最后一年，高校也要开始启动"十四五"规划的编制工作，学科规划是高校战略规划的重点，科研发展的规划则是学科规划的重要指标。面对"双一流"建设、第五轮学科评估、编制"十四五"规划等工作的接踵而至，科研秘书要增强科研政策的解读能力、学术信息的捕捉能力，科研数据的分析能力，网络资源的搜索能力，以高效的工作状态、人性化的服务、科学化的管理，本着有利于事业发展的原则，不断优化完善自己的工作，有力有序的推动高校的科研发展工作。

青年教师的国际观分析

——以某高校的调查研究为例[*]

迟　永[**]

伴随经济全球化与改革开放进程的不断加深，中国同全世界的人员交流日益频繁，具备丰富国际视野与经历的人才也在持续增多。高校更是吸纳国际性人才的主要机构，近年来各层次的高等院校招录海外归国人才逐年增多，并鼓励年轻教师出国访学，不断提高学校的国际化水平。这类举措一方面确实有利于增强高校的科研能力与国际声望；但在另一方面，高校教师，特别是青年教师的国际观也必然受到深刻影响，表现出日益多样化与复杂化的特征，对高校教师思想政治工作提出新难题。这一现状决定有必要系统考察高校青年教师的国际观，搜集相关数据进行估计，明晰其主要内容与特点，为高校青年教师思想政治工作的进一步开展提供必要的事实参考。

一、国际观的理论内涵

国际观也可称为国际视野、全球视野、全球意识等概念。本文借鉴学界现有的国际观研究，将其定义为："一国政府和人民对现存国际关系、国际秩序的态度和看法。"[1]这种定义将国际

*　本文受 2018 年中国政法大学青年教师思想政治工作课题资助。

**　迟永，中国政法大学全球化与全球问题研究所讲师。

〔1〕　宁越敏等：《中国大学生的国际观调查分析》，载《世界地理研究》2011 年第 1 期，第 1 页。

观看作是社会个体对国际社会，或对整个世界环境的态度与认知能力，或为一种眼界、视野或意识。一旦社会个体对国际事务、国际社会缺乏必要了解，或缺乏相应的思考与批判能力，则其欠缺完善的国际观。[1]国际观因此也是个人或群体对当代世界部分或整体发展现状与本质的主观认识与心理反应，既可以映射不同程度的客观事实，也存在一定范围的个体主观推断。但必须指出的是，由于国际观具备强烈的相对性特征，不同学者、不同研究对国际观理论视角与观点也各有差异，得出的国际观定义必然有所差别。

国际观不仅可以具体化为个人或群体的价值观念，更可以概念化为国际事务的关心和参与程度，后者明显具备可操作性的特征，更便利于学术研究。本文则以三个不同领域或议题考察个人对国际事务的关注和参与程度。一是世界历史文化，侧重对海外国家具体文化常识的考察，包括对其他国家与别国文化的了解程度，以及对这些国家历史地理知识的掌握程度；二是国际政治局势，突出国际观的时效性部分，考察个人对世界发展变化最新动态的关注程度，涉及政治经济文化等综合领域最新进展的了解；三是关系人类生存发展的全球议题，即对当代全球影响深远的各种跨国性问题，比如环境保护、能源短缺、国际战争与和平等问题。[2]可以说，国际观本质上也是个人或群体认识上述领域国际现象与参与国际问题的行为和态度，其形成不仅反映出个体主观的发展变化过程，更是社会环境交织影响的结果。

在分析高等院校范围的个人或群体国际观影响因素的过程中，既有研究常常按照家庭、学校和社会三个层面展开。家庭因素是每个人人生教育的起点，也是每个人人生观塑造过程中无法回避的重要背景因素。在国际观的塑造上，家庭必将产生重要作用，比如父母的国际观会建构其子女的国际观，帮助后者初步形成有关国外与世界的观念；其余亲朋好友，特别

---

〔1〕 李鹏、杜谷文：《两岸青年国际观之特点及成因分析》，载《当代青年研究》2010 年第 10 期，第 1 页。

〔2〕 李鹏、杜谷文：《两岸青年国际观之特点及成因分析》，载《当代青年研究》2010 年第 10 期，第 2 页。

是具备海外留学或工作背景的亲朋好友更会在交流交往的过程中对个人国际观形成产生潜移默化的影响。第二个层面是学校因素，当前中国社会每个个体都可以在学校教育阶段接受最具体系性、完整性的教育，其中的思想政治教育也涵盖部分国际观的内容，可以为不同年龄段的学生普及更为科学完备且具备不同层次的国际知识。本文关注的研究对象——高校青年教师，更是长期经历学校教育，特别是高等学校的教育，其在这一阶段所接受的国际知识更成为其国际观形成的坚实基础。第三个层面是社会因素，是个人所能面对最为广义的社会环境，包含经济、政治、文化等多个方面。当前正值我国深化改革开放的关键时期，正在同海外绝大多数国家保持国际各领域之间的交流，加之信息化进程的高速发展，包括互联网、手机、电视、报刊等传播渠道中的海量国际信息，都有利于当代个人接受国际信息，并促进个人国际观的进一步构建。

二、高校青年教师的国际观

在高等教育国际化进程快速推进的时代背景下，高校人群的国际观研究受到广泛关注，但以往的国际观研究多集中于我国的大学生群体，特别是讨论如何提高大学生国际视野和国际问题的认知水平。然而，提高高等教育国际化水平并非只限于学生群体，教师更是这一过程的关键要素。[1]特别是处于一线教学任务中的高校青年教师，其国际观不仅直接体现高校的国际化水平与国际文化交流能力，而且也会反作用于在校大学生，帮助学生树立更为完善的国际观。近年来，我国绝大部分高校招录海外归国人才逐年增多，主要行政教学部门也鼓励年轻教师出国访学，不断提高学校的国际化水平，但对高校青年教师的国际观研究并未受到关注，这使得对这一问题调查研究十分必要。

基于上述国际观的理论内容，本文也主要从三个具有代表性的维度，分析高校青年教师的国际观。

---

〔1〕 李炳煌：《基于教育国际化的教师教育探略》，载《南华大学学报》2006年第2期，第101~103页。

（一）对外留学交流情况

鉴于高校青年教师丰富的教育经历，大多青年教师都具有出国留学等国际交流背景。此类国际交流背景可以使青年教师较为充分地体验海外文化，积累大量感性国际知识。同时，国际交流背景也可以培养高校青年教师对国际事务的兴趣，并尝试基于跨文化角度思考和处理国际问题。可以说，对外留学交流是影响乃至塑造青年教师国际观的重要环节。

（二）对当前国际热点新闻的关注程度

完善国际观的基本要求就是对当前国际热点新闻事件拥有敏感性，并对其形成基本理解与认识。国际热点新闻内容广泛，包涵国际文化、政治、经济等各个方面的事件及关系人类未来发展重大议题的重要进展，是国际形势的最新发展。较高程度关注当前国际热点新闻不仅可以体现出青年教师对国际事务的兴趣，更可以及时更新个人的国际类知识，不断提高国际观的认知水平。

（三）对当前中国国际地位与作用的认识

如何正确认识当前中国国际地位与作用也是国际观的重要构成部分。当前中国在经济实力层面上已经取得巨大发展成就，并已经在国际体系与全球治理中发挥无可替代的作用，但中国仍是标准意义上的发展中国家，中国人均 GDP 等多项经济科技指标仍同发达国家存在巨大差距。除人均收入外，中国在经济结构上同发达国家也存在一定差距。中国没有过硬的技术研发水平，缺乏核心竞争力，短期内还无法达到发达国家较为完善的工业体系水平。正确认识当前中国的国际地位与作用也是青年教师国际观完善与否的重要指标，相关研究也需要将其纳入分析范围。

根据上述三个分析维度，本文后续设计研究所用的调查问卷也分为三个主要部分，用于实际调研某校青年教师的国际观。在对外留学交流部分中，反馈的调查问卷结果表明，接近 95% 的青年教师都具备海外交流访学经历，这其中 82% 的青年教师更是具备一年以上的长时间海外留学交流经历。绝大部分青年教师也承认海外留学交流经历在一定程度上塑造并影响其国际视野的形成。在国际热点新闻的关注度部分，问卷调查结果显示，74% 青年教师平时关注国际新闻，特别关注国际战争冲突等事件，熟悉主要国际组织的名称与功能，但对其细节知识则缺乏足够了解。由于移动互联网的高度普及，大量青年教师接触国际时事新闻的途径是手机网络与微信等移动端 APP，电视等传统媒体占比不高。另外，问卷调查还发现 52%的受访者认为自身对国际时事的认识并不充分，并表示国际类知识涵盖范围广泛，很难进行系统性学习。对于当前中国国际地位与作用的认识，课题组发现近六成受访者对这一问题的发展持积极乐观态度，但对中国周边安全环境普遍持较为忧虑的态度与观点，认为中国仍将面临艰巨挑战。

根据以上分析，课题组概括出某校青年教师国际观具备如下特点。一是对国际事件的敏感度高。问卷调查显示，高校青年教师更注重国际政治局势和国际经济类的新闻，对各种国际类事件与国际局势的发展有自身独特的理解，并普遍认为诸多国际事件会对我国未来发展产生深远影响。本文认为出现这一现象源于高校青年教师的时代背景。当前高校青年教师大多出生于 1970—1990 年间，恰逢我国 40 多年改革开放期间，其生活成长经历恰好见证中国经济、社会的飞速发展。在此背景下成长的青年教师普遍具备多元价值观与较强烈的政治参与意识，对国外事件可以保持高度求知欲。[1]

二是受媒体信息的影响。虽然教育背景等因素对高校青年教师国际观形成可以奠定基础因素，但其国际观并非稳定不变，而是一直处于发展变化中，而不断变换的国际形势与热点就是影响国际观发展变化的重要因素。在这一方面，媒体信息的重要性凸显，其所产生的引导作用是其他途径所无法比拟的，特别在当前的信息化时代，由于新闻媒体与主要网站都在设置国际类的新闻报道，且其更新频率高，并通过手机等移动端 APP 不断向个人推送，在基于偏好算法的影响下，形成海量的国际类新闻。高校青年教师国际观的意识培养和完善不得不依赖于媒体信息，并不断强化其自身国际观偏好。

三是能够客观辩证地认识中国的国际责任。当前全球治理体系大发

---

[1]　刘建：《论新形势下高校青年教师思想政治工作》，载《中国青年研究》2008 年第 4 期，第 101 页。

展、大变革的时代恰逢中国伟大复兴，中国有能力也有必要承担力所能及的国际责任，代表广大发展中国家利益，提出治理各种全球性问题的方案。在这种时代背景下，受访的青年教师也能够恰当认识中国的国际责任，一方面认可中国应分享自身的经验与成果，贡献智慧和理念，同世界各个国家携手应对发展过程中所遇的难题；另一方面也认为，中国也需要根据自身能力承担相应比例的国际共同责任，要注重自身的经济与社会条件，优先关注国内治理问题，特别是国内引发民众高度关注的民生问题。受访青年教师大多强调国内治理能力建设问题的优先级要高于中国对外需履行的国际责任。

三、研究方法

分析完问卷调查数据后，本文利用社会科学领域的清晰集定性比较分析（crisp-set qualitative comparative analysis，简称 cs/QCA）为研究方法找出解释力度最大的条件及其组合，从而揭示出影响高校青年教师国际观的因素。定性比较分析是美国学者查尔斯·拉金（Charles C. Ragin）所开发的研究方法，最早用于比较政治学和历史社会学等研究领域，目前已经拓展至社会学、管理学等不同学科，得到广泛应用，具备一定权威性。

定性比较分析是一种集定性分析和定量分析二者的长处而发展出来的研究方法，并以案例为导向来分析导致某些结果案例的解释条件及其组合（configuration），从而处理多重并发的因果联系。查尔斯·拉金最早开发的是清晰集定性比较分析。这种研究方法是将布尔代数（Boolean Algebra）与集合论结合，发展出用来分析二分变量的分析方法。具体说来，清晰集定性比较分析将解释变量与结果变量都赋值为"1"或"0"，用这两个值表示某变量两种截然相反的状态，比如存在或不存在，赋值为 1 的变量可以用大写字母表示，赋值为 0 则可以用小写字母或在大写字母前加"~"来表示。[1]在本文中，青年教师具备完善国际观则赋值为 1，反之为 0。

---

[1] Benoît Rihoux and Gisèle De Meur, "Crisp-Set Qualitative Comparative Analysis (csQCA)," in Benoît Rihoux and Charles C. Ragin, eds., *Configurational Comparative Methods: Qualitative Comparative Analysis (QCA) and Related Techniques*, Thousand Oaks: Sage, 2009, pp. 59-64.

此外，清晰集定性比较分析在运算的时候还会用"＊"表示逻辑上的"和"，用"＋"表示逻辑上的"或"，用"＝"或"→"表示分析中的条件或条件组合可推导出或导致的结果。清晰集定性比较分析在运算时遵循的核心原则是最小化原则，即"在布尔代数运算式中，如果某个条件取值的不同不影响最后结果，那么其为冗余条件，运算式可以将其移除，使之更为简洁。"比如，在等式"A＊B＊C＋A＊B＊c＝Y"中，无论条件 C 的取值是 1 还是 0，"A＊B＊C"和"A＊B＊c"这两个条件组合都可以得到"Y"这个结果，因此，在接下来的运算中，条件 C 就可以删除，等式简化为"A＊B＝Y"。这种精简条件的方式不仅可以将算式中的冗余条件删除，也可以让研究者更为准确地发现影响结果变量的原因条件。[1]

本文采用这一分析技术的具体原因如下：其一，由于研究问题所限，本文涉及的分析样本数量有限，不适合选择案例研究方法，更远没有达到大样本统计估计所需要的样本数量，但其满足定性比较分析对于中等样本数量的要求。其二，本文的研究对象是高校青年教师国际观，这其中涉及诸多影响因素，且这些因素之间也很可能会相互影响，定性比较分析技术恰好擅长处理这种复杂因果关系。其三，本文是结果变量二元赋值，即青年教师是否具备更为完善的国际观，符合清晰集定性比较分析技术对结果变量的限制要求。

四、分析结果与研究发现

本文将问卷中客观题答对比例作为操作化完善国际观概念的工具，即将答对问卷中 80% 的客观题的受访者定义为具备完善的国际观，并将其作为后续分析的结果变量。接下来，课题组将"40 周岁以下""人文社科专业""海外交流背景""亲友海外背景""利用移动互联网""接受国外文化""关注中国外交局面"七个条件变量及其相反值，共计 14 个变量纳入后续的计量分析。完成所有变量的操作及校准后，本文使用 fs∕QCA 软件

---

〔1〕 刘丰：《定性比较分析与国际关系研究》，载《世界经济与政治》2015 年第 1 期，第 95 页。

处理上述数据。[1]软件输出结果分为两个部分：必要条件分析与充分条件组合分析。前者用来衡量单个条件对结果变量的解释程度，后者则分析除必要条件以外的条件变量组合对结果变量的解释程度。

根据上述内容，本文首先对问卷数据进行必要条件分析。从集合的角度上看，必要条件是其所对应结果集合的超集，结果出现则其必要条件必然也出现，但必要条件出现却不必然保证结果的出现。根据清晰集定性比较分析的技术要求，在进行充分条件分析之前，研究者必须要进行必要条件分析，并在后续充分条件分析中剔除分析得出的必要条件。

表 1　条件变量的必要条件分析表

变量名	吻合度（Consistency）	覆盖度（Coverage）
40 周岁以下	0.666 667	1.000 000
~40 周岁以下	0.333 333	0.303 030
人文社科专业	0.933 333	0.595 745
~人文社科专业	0.066 667	0.333 333
海外交流背景	0.900 000	0.574 468
~海外交流背景	0.100 000	0.500 000
亲友海外背景	0.833 333	0.568 182
~亲友海外背景	0.166 667	0.555 556
利用移动互联网	0.733 333	0.536 585
~利用移动互联网	0.266 667	0.666 667
接受国外文化	0.633 333	0.513 514
~接受国外文化	0.366 667	0.687 500
关注中国外交局面	0.766 667	0.638 889
~关注中国外交局面	0.233 333	0.411 765

注："~"表示该变量取自身值的相反值。

---

〔1〕　fs/QCA 软件的下载地址为：http://www.u.arizona.edu/~cragin/fsQCA/software.shtml/，最后访问时间：2020 年 4 月 29 日。

　　定性比较分析识别必要条件的方法是利用子集关系找到结果变量的必要条件。假设结果变量的集合 A 中所有隶属值小于或等于相对应的条件变量集合 B 中的隶属值，则集合 A 一定是集合 B 的子集。由于集合 A 与集合 B 的对应关系，集合 B 也一定是集合 A 的必要条件。一旦研究者发现结果变量同条件变量存在上述从属关系，这种关系就可以当作必要条件。由于社会科学研究的因果复杂性，以及变量在衡量时难免出现误差，衡量必要条件时可以不用遵从严格的子集关系要求。根据拉金的解释，必要条件分析可以进行 0.1 校准值的调整。

　　表 1 为必要条件分析结果。本文采取 0.9 作为阈值，即吻合度值大于 0.9 的解释条件才视为必要条件。[1] 根据这一标准，表 1 中只有 "人文社科专业" 与 "海外交流背景" 两个变量达到了 0.9 的最低要求，即分析范围中的高校青年教师从事人文社科专业或其具备海外留学交流背景是其具备较为完善国际观的必要条件。上述发现符合之前学界的相关研究，由于多数分析范围中高校青年教师从事人文社科专业教学与研究，极大可能对国际问题保持较高的关注程度。同样，大量青年教师具备海外经历，对国际知识与新闻的敏感度与兴趣度也是促进其国际观更为完善的关键原因。然而，必要条件的理论基础也说明，部分没有完善国际观的青年教师也具备上述条件，对于这些样本与达不到必要条件标准的条件变量需要进行以下的充分条件组合分析。从集合的角度上看，充分条件一定是其所对应结果集合的子集，其一定小于或等于结果集合的隶属值。充分条件的出现必然意味着结果也会出现，但结果出现却不必然保证某个或某些充分条件的出现。

　　本文继而将 "40 周岁以下" "亲友海外背景" "利用移动互联网" "接受国外文化" "关注中国外交局面" 五个条件变量纳入后续分析并构建用于数据分析的清晰集真值表。在软件分析的过程中，需要研究者对真值表进行精简。在此，课题组选择案例数的阈值是 1，即移除不能说明任何案

---

〔1〕　Charles C. Ragin, "Set Relations in Social Research: Evaluating Their Consistency and Coverage", *Political Analysis*, Vol. 14, No. 3, 2006, pp. 291-310.

例的反事实条件组合。同时，本文根据一般标准，将吻合度阈值涉及为 0.75，并将小于 0.75 的组合编码为 "0"，其余则为 "1"。精简后的真值表如表 2 所示。

本文将表 2 内容导入软件，并使用标准分析方式继续处理数据。fs/QCA 2.0 软件会得出 3 组解，分别是复杂解（complex solution）、精简解（parsimonious solution）与中间解（intermediate solution）。三种解在吻合度与覆盖度两个指标上数值相等，其主要区别是包含反事实条件组合的数量。复杂解会排除所有反事实的组合，但精简解则包含最多量的反事实组合，中间解则居于其中，仅包含部分反事实的组合。基于精简解与自身研究对象因果解释之间的紧密联系，本文也选择精简解进行阐述，并尝试解释软件分析结果揭示的因果联系。[1]

表 2　清晰真值表

40 周岁以下	亲友海外背景	利用移动互联网	接受国外文化	关注中国外交局面	案例数量	完善国际观	原始吻合度
0	1	1	1	1	11	0	0.363 636
0	1	1	1	0	7	0	0.142 857
1	1	1	1	1	4	1	1
1	1	1	0	1	4	1	1
1	1	1	1	0	3	1	1
0	1	1	0	1	3	0	0.333 333
1	1	0	1	1	2	1	1
1	1	0	0	1	2	1	1
1	0	1	1	1	2	1	1
0	1	1	0	0	2	0	0
0	1	0	0	1	2	1	1

---

〔1〕 Michael Baumgartner, "Parsimony and Causality", *Quality & Quantity*, Vol. 49, No. 2, 2015, pp. 839-856.

续表

40周岁以下	亲友海外背景	利用移动互联网	接受国外文化	关注中国外交局面	案例数量	完善国际观	原始吻合度
0	0	1	1	1	2	0	0.5
1	1	1	0	0	1	1	1
1	1	0	1	0	1	1	1
1	0	0	1	0	1	1	1
0	1	0	1	1	1	0	0
0	1	0	1	0	1	0	0
0	0	1	1	0	1	0	0
0	0	1	0	1	1	1	1
0	0	0	1	1	1	0	0
0	0	0	0	1	1	0	0

如表3所示,精简解中包含了三种不同的条件组合,即在除去"人文社科专业"与"海外交流背景"两个必要条件的基础上,存在3条不同的解释路径影响分析范围中的高校青年教师的国际观:①青年教师在40周岁以下;②青年教师拥有亲友海外背景,但不利用移动互联网,且不关注国外文化;③青年教师没有亲友海外背景,但其善于利用移动互联网,且不关注国外文化。

基于以上分析结果,课题组提出如下建议:

表3　清晰集真值表代数分析结果表

解 (Solutions)	条件组合	覆盖度 (Raw Coverage)	净覆盖度 (Unique Coverage)	吻合度 (Consistency)
精简解	40周岁以下	0.666 667	0.600 000	1.000 000
	亲友海外背景 * ~利用移动互联网 * ~接受国外文化	0.133 333	0.066 667	1.000 000

续表

解 (Solutions)	条件组合	覆盖度 (Raw Coverage)	净覆盖度 (Unique Coverage)	吻合度 (Consistency)
精简解	~亲友海外背景 * 利用移动互联网 * ~接受国外文化	0. 033 333	0. 033 333	1. 000 000
	解的覆盖度与吻合度	—	0. 766 667	1. 000 000

案例阈值：1. 000 000　吻合度阈值：0. 75

　　一是加强对非人文社科专业与无海外留学交流背景青年教师国际观的塑造。研究发现，从事人文社科专业且其具备海外留学交流背景的青年教师更具完善的国际观，对多类型的国际知识拥有较为准确的认识与理解，但现阶段高校也仍存在大量从事非人文社科专业研究或教学，或无海外留学交流背景的青年教师。无论从事专业还是教育背景，这部分青年教师很难在其中获得更多的国际知识，也很可能导致其国际观存在有待完善之处。建议针对这部分高校青年教师加强相应国际知识的普及，尽可能注意其在国际方面思想观点的动态变化。

　　二是注重培育 40 周岁以上教师的国际观。由于需要长周期的教育，高校青年教师正式参与工作的时间普遍较晚。本文关注的高校青年教师群体按照年龄分为 40 周岁以下与以上两类。统计数据表明，40 周岁以下的高校青年教师更具完善的国际观，其对国际事务更具敏感性，也更显现出对国际事件的高度兴趣。本文推测 40 周岁以上的高校青年教师可能会因工作或生活等诸多原因，减少对国际时事的关注程度，造成其国际观完善程度略低于 40 周岁以下的高校青年教师群体。由于国际形势不断发生新变化，相关部门也应注重对这一群体国际观的培育与强化，重点加强有关国际新形势与新变化的普及工作。

　　三是淡化国外文化的作用。既有国际观的研究普遍重视国外文化的传播作用，认为通过跨文化的对比，可以帮助个体形成更为完善的国际观。[1]

---

〔1〕　赵伟民、俞晓辉：《国际视野与跨文化理解》，载《国际人才交流》2012 年第 12 期，第52 页。

然而，本文通过数据对比发现，国外文化与跨文化交流的作用可能被高估。当前包括西方文化在内的国外文化不再具备高影响力，其也无法对青年教师群体形成持续吸引力。反之，中国文化已经逐渐成为青年教师的心理认同目标。本文认为，后续针对青年教师国际观的培育工作不需要突出国外文化的对比作用，更应将精力置于推广本国文化，助力青年教师形成更强的文化自信观念。

五、结语

本文采用清晰集定性比较分析研究方法，考察影响某高校青年教师国际观的重要因素。研究结果表明，青年教师的年龄、海外经历、专业背景、家庭教育等因素会在不同程度上影响其国际观的完善程度。必须指出的是，上述建议仅根据问卷数据估计而得，也必然存在以下的解释局限：其一，本文评估的数据范围并不广泛。基于研究成本所限，本文仅调研了部分高校青年教师群体，不仅在数据量上有待拓展，问卷问题的构成及其后续的数据丰富程度都有待未来相关研究进一步深化。其二，本文评估的国际观概念仅操作化为国际客观知识的掌握程度，其也存在过度简化的不足，有待进一步完善或更换为其他操作指标，进而推动国际观的理论与实践研究的准确程度。其三，本文的研究对象仅为一校的青年教师群体，所得结论与启示的外部有效性较为有限，尚不能简单推广至其他人群，甚至对该校其他类型的工作人员也不具备任何指导意义。

教育与社会

Jiao Yu Yu She Hui

法律诊所教育参与社会共治司法实践研究*

郑璇玉　杨博雅**

　　法学作为一门学科，是为了培养在未来能够不断完善法律并实施法律、实现社会法治化的人才，除了具有研究性之外还具备极强的应用性。习近平总书记在十九大报告中提出："打造共建、共治、共享的社会治理格局，加强社会治理制度建设，完善党委领导、政府负责、社会协同、公众参与、法治保障的社会治理体制，提高社会治理社会化、法治化、智能化、专业化水平。"[1]习总书记"社会治理"理念的提出，不仅正式将"社会治理"提升到崭新的高度，也指明了实现这个目标应进行的四项标准。"社会治理"的"社会化、法治化、智能化、专业化"不仅对于改变传统的政府治理理念和模式、解决社会问题具有重要意义，也给法学教育指出明确的方向。中国政法大学知识产权法律诊所（简称"知产诊所"）的成立，就是为了强化法学的社会应用性，并尝试了在实践法学中将教学与司法实践进行有机结合。"社会治理"中包括"社会共治"，在当下进一步推动"社会治理"理

　　* 本文为《融媒体语境下跨学科研究生教学改革研究》资助成果，项目编号：KXKJGLX1902。
　　** 郑璇玉，中国政法大学民商经济法学院知识产权法研究所副所长、副教授。杨博雅，中国政法大学知识产权法硕士研究生。
　　〔1〕 中国政府网：http://www.gov.cn/zhuanti/19thcpc/baogao.htm，最后访问时间：2020 年 2月 25 日。

念进一步落实的现实需求下，作为法律实践教育先行者的知产诊所教育在司法实践中加强了对"社会共治"的参与，并在基层司法组织的平台上不断践行。我们通过学习进一步体会到，总书记"社会共治"理念不仅是来自于社会需求而且来自于国家的长远发展目标，是高屋建瓴自上而下提出，而中国政法大学知产诊所对"社会共治"的理解则是从基层中来，从学习和实践中来，从实践教育出发，以基层单位的视角对"社会共治"理论的深入理解和践行。因此，本文结合习总书记"社会共治"的理念，从知产诊所的微观视角，阐述知产诊所在参与途径、知识参与共治、共治素质养成等方面对"社会共治"理论的理解与思考。

一、基于司法系统的平台参与"社会共治"的途径

"知产诊所"参与社会共治的途径是依托司法系统的平台，并在参与中见证着该平台的发展和成熟。2005 年，知产诊所提出了法学实践教育的理念，并于 2014 年开始结合西城区人民法院（以下简称"西城法院"）的既有平台，不断推进。在六年实践中，知产诊所在教书育人、教法用法的同时，在西城法院平台上，见证了中国法学学科的发展和社会法治质量的提高。因此在当下"社会共治"的语境下，整理六年来知产诊所参与司法系统平台，实现教学和实践并强化参与社会共治的有益经验，将对推进社会力量的参与和"社会共治"有所启发。

（一）"社会共治"的内涵、理论渊源

"社会共治"理念的提出，首先着眼于"治理（governance）"。"这一概念源自古典拉丁文 steering（控制、引导和操纵）一词，原意是指在特定范围内行使权威。它隐含着一个政治进程，特指在众多不同利益共同发挥作用的领域取得认同，以便实施某项计划。"[1]最早将"治理"视为公民共同的权利或可追溯到古罗马时期的共和体制。"而共和一词则出自拉丁文 res publica（共和国），原意为公众的事务、公众的财产，后来逐渐演

---

[1] 俞可平：《治理与善治》，社会科学文献出版社 2000 年版，第 16~17 页。

化，在西塞罗的著作中已有国家意义。"[1]罗马"将国家权力视作公有物，国家的治理是所有公民共同的事业；强调政府的公共性、中立性，建立在各等级联合基础上而不单为某一等级利益服务；每个等级均有权参与政府，权力共享；主张协商、平衡、制约。"[2]罗马法中所规定的可以参与到国家治理的市民权利可以视为近代法律中所确立的人的主体权利的源流。"罗马人对自由的关注，有其独特的背景：即罗马社会的人划分为不同的社会身份并形成强烈的身份意识。"[3]市民权不仅仅是区分罗马人和外邦人的身份标志，更重要的是其背后还包含着公权和私权的权利范畴。就公权利而言，市民权意味着参与政治的权利和充分的司法保证，拥有市民权的人有权参加罗马的各种政治集会，并进行投票；他们可以享有竞选和担任国家公职的权力。就私权利而言，拥有市民权意味着其财产权受到保障，行省官员或者军队无权侵占罗马公民的财产；罗马市民拥有人身保护权，罗马公民在罗马帝国境内可以凭借市民权获得民事和司法保护；罗马公民享有免税权。[4]罗马公民享有自由权利，他们有权参加公民大会，掌握最高立法、审判和选举权。治理国家是全体公民共同的事业，统治权由各等级社会成员共享，共同执政；各等级社会成员用和平、温和的方式处理政治事务，解决利益纠纷，整个社会能够和平共处。

"在罗马的法律中，市民权是一个非常核心的概念，是罗马私法中"人格"的重要构成成分之一。"[5]罗马法中市民权的本质是一种平等的法律身份，它是一种融合了罗马共和精神在内的包容观念，它没有排斥和歧视；它充分体现了罗马人"重视人格和彼此关系 ——无论在家庭或国家或朋友圈子中，它源自一种对每个个体人格的尊重，并在对其自由的维护中生成。"[6]这种对于个体人格的尊重，让具有市民权的罗马公民能够参

---

〔1〕 施治生：《试论古代的民主与共和》，载《世界历史》1997 年第 1 期，第 3~13 页。

〔2〕 潘昕：《浅析古罗马共和制》，载《理论界》2004 年第 6 期，第 73~74 页。

〔3〕 费安玲：《罗马法中遗嘱意思表示限制性规则之探究》，载《中国政法大学学报》2016 年第 3 期，第 36~48 页。

〔4〕 赵立行：《罗马到中世纪市民权的演变》，载《历史教学问题》2016 年第 1 期，第 17~22 页。

〔5〕 施治生：《试论古代的民主与共和》，载《世界历史》1997 年第 1 期，第 4~14 页。

〔6〕 R.H．巴洛：《罗马人》，黄韬译，上海人民出版社 2000 年版，第 238 页。

与到社会治理之中，从而使罗马的共和体制呈现出君主制、贵族制与民主制的均衡结合。这种形式上的平等主义对于后世的人民主权、主权在民等原则具有深刻影响，人权原则的发展亦可追溯至此。

欧美国家的合作治理理论是社会共治理论的理论渊源，合作理论下，学者认为"在社会事务的协同共治中，社会是责任主体，政府则是确保社会组织的责任兑现的强权保障，政府监管和社会自律这样互补性的协调是可以产生潜在收益的组合。"[1]合作治理理论尤其关注政府、市场和社会之间的良性互动关系。研究治理理论的权威学者詹姆斯·罗西瑙将治理界定为一系列活动领域里的管理机制，是一种由共同的目标支持的活动，强调政府与各种社会组织之间的合作，它们虽未得到正式授权，却能有效地发挥作用。社会共治模式是合作治理理论在社会发展过程中出现的新形式，在这种模式下，由社会多元主体依据法律的规定行使各自的权力，共同治理公共事务，以实现全社会的共同利益。[2]

当代社会共治要求国家、社会等多元主体共同参与公共事务的管理，即"除了传统意义上的政府管理之外，需要实质性地引入公民、法人以及其他组织等多元社会力量，并且通过有效的沟通商谈等方式联动合力地解决社会问题。"[3]社会共治的核心是参与主体的多元性，即由更多的社会主体参与治理，摆脱了传统上单一的政府一元治理主体模式，从而带有很明确的公共性。我国的社会治理模式经历了由"社会管理"向"社会治理"的转变。所谓社会管理，就权威而言，其权威、合法的权力主要来自政府；就运作过程而言，它以自上而下为主，自下而上为辅；就民主参与而言，主要表现为"半民主性"特征，即它虽然在主观上也要民主参与，但由于政府主导一切，民主往往是为民做主，民主参与程度不足。[4]与

〔1〕 Rouviere, E. et al. *From punishment to prevention: A French case study of the introduction of co-regulation in enforcing food safety*, Food Policy, 2012, pp. 246~254.

〔2〕 王名、李健：《社会共治制度初探》，载《行政论坛》2014 年第 5 期，第 68~72 页。

〔3〕 曾哲、周泽中：《多元主体联动合作的社会共治——以"枫桥经验"之基层治理实践为切入点》，载《求实》2018 年第 5 期，第 41~51 页。

〔4〕 郑杭生：《"理想类型"与本土特质：对社会治理的一种社会学分析》，载《社会学评论》2014 年第 3 期，第 3~11 页。

"社会管理"模式相比较,"社会治理"的特征主要表现为:一是权威、合法权力不仅来源于政府,也来源于社会组织和市场组织;二是社会的运作过程不是自上而下,而是上下双向互动;三是民主参与程度很高,社会各个主体都能参与到公共事务中来。[1]

(二)知产诊所参与"社会共治"的途径证成

有鉴于此,知产诊所课程的设立初衷就是紧密结合法律实践,保证大学生即使是学习者的身份,也能以个体参与到公共事务中,并从中体会社会治理和法律保障的变革。诊所教育分为两个独立的小组:小组一作用于知产诊所学生在西城法院的司法平台中的诉讼服务平台,小组二则在西城法院的司法平台中以法官为传授主体的"诊所课堂"中学习。二者之间在实践时并不互通,以免干扰。西城法院的司法平台中的诉讼服务平台本身即融合了人民调解委员会、司法援助机构等多元组织。诊所的学生参与其中增强了平台多元角色的组成。这样,多元角色由社会组织和更多的法律专业人士参与,不仅提高了社会共治的民主参与度,也实现了法律的保障和法理的落实在社会运作过程中的自下而上的沟通联系,从而在社会共治中发挥作用。

与法律诊所合作的北京西城法院,在提升社会治理能力方面一直走在基层法院前列,其长期设立的综合诉讼服务中心,一直是基层法院的特色。在全面落实《最高人民法院关于全面推进人民法院诉讼服务中心建设的指导意见》(2014)的规定后,西城法院更是逐渐更新运转体系,完成向社会服务的多渠道、一站式、综合性诉讼转化。平台还可以同时为当事人集中办理除庭审之外的其他诉讼事务,使诉讼服务中心成为"方便人民群众诉讼的第一窗口,化解社会矛盾的第一道关口"。[2]"诉讼服务中心设有安检、导诉、查询、速裁、休息等8个功能区以及立案登记、诉讼费收取、诉调对接(调解室)等5类11个窗口和大学生志愿者服务基地、心

---

〔1〕 郑杭生:《"理想类型"与本土特质:对社会治理的一种社会学分析》,载《社会学评论》2014年第3期,第3~11页。

〔2〕 北京法院网:http://bjgy.chinacourt.gov.cn/article/detail/2018/11/id/3590186.shtml,最后访问时间:2020年2月25日。

理驿站（心理咨询中心）、专家解难等 16 个诉讼服务单元，服务项目多达 28 项。"[1]其主要功能包括诉讼引导、法律宣传、登记立案、先行调解、受理申请、材料收转、查询咨询、联系法官等，极大地满足了人民群众的司法需求。在这诸多的环节中，知产诊所的学生不仅使不熟悉平台的人可以快速了解平台的运转，减缓焦虑和不满的戾气，更能够在涉及知识产权的争议和诉讼的前端环节中，第一时间参与到"社会治理"之中。从而，知产诊所以最平凡的基层教育单元，知产诊所学生以最平凡的个体在政府、司法系统中的基层法院和司法系统平台上的其他组织形成有机的系统，发挥"社会共治"中个体应有的作用。

为了进一步实现建设现代化诉讼服务体系的工作目标，2019 年 9 月，西城法院启用全国首家"多元解纷诉调对接中心"。"中心建筑面积 3000平方米，设有 5 类窗口、8 个功能区，提供诉讼指引、便民服务、诉讼辅助等 52 项诉讼服务，将以更快捷更高效的多元解纷方式化解社会矛盾，以更优质更全面的诉讼服务满足群众需求。"[2]北京西城法院作为多元化纠纷解决机制改革全国示范法院和全国法院案件繁简分流机制改革示范法院，对于多元纠纷解决机制的构建与完善始终发挥着积极的能动作用与示范作用。多元化纠纷解决机制也正式在西城法院体现为"多元解纷诉调对接中心"，正式体现了西城法院切实发挥司法职能，探索建设共建、共治、共享的社会治理格局，彰显着西城法院新时代传承"枫桥经验"，不断推进诉源治理实质化。而整个过程，无论是"多元解纷诉调对接中心"的前期准备，还是其正式面向公众，诊所学生全部参与其中，并见证了 2019 年9 月这一特别的时刻。

基于对"多元解纷诉调对接中心"的理解和知产诊所与西城法院长期合作，我们可以将知产诊所的"社会共治"做如下理解，如图所示：

---

[1] 人民网：http://bj.people.com.cn/n/2015/1209/c82838-27279297.html，最后访问时间：2020 年 2 月 25 日。

[2] 北京法院网：http://bjgy.chinacourt.gov.cn/article/detail/2019/09/id/4423640.shtml，最后访问时间：2020 年 2 月 25 日。

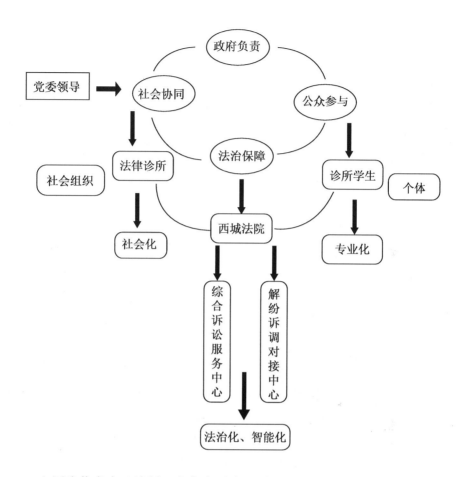

上图为作者自己绘制，也集中了当下对于"社会共治"的理解。目前关于社会主体共治的示意图较少，通常表示为党委领导下的政府治理、社会自我调节与居民自治的协同治理。以往的示意图中，"治理"表达的特点集中于在宏观层面考量政府与市场、社会组织在各种问题上的协调作用。而对于法院这一司法权主体在社会治理中发挥的职能则少有涉及，同时也没有在微观层面具体描述基层社会治理中各治理主体所发挥的作用。知产诊所通过西城法院参与"社会共治"的优势在于，诊所的学生能够使用西城法院所提供的平台切实参与到群众的纠纷调解中，通过真实的纠纷的有效化解来夯实自身的专业技能、培养法律职业道德。而西城法院则能通过诊所的学生为群众提供更加多元的诉讼服务。因此，本图在考量诊所

与西城法院共同参与到群众矛盾解决的社会治理中的作用之后，具体分析了西城法院相继成立的综合诉讼服务中心、多元解纷诉调对接中心等机构的作用，进行了本图的绘制，意在探索在建立共建、共治、共享的社会治理格局中，将诊所学生以个体和循环的方式呈现，探索诊所学生以个体参与"社会共治"的积极意义以及个体通过司法系统参与"社会共治"的能动作用，探索这一培养模式对于化解社会矛盾，推动社会治理主体多元，提高社会治理社会化、法治化、智能化、专业化水平的意义。

知产诊所的专业是知识产权，而知识产权以知识产品为权利客体。在知识产品的社会再分配上，司法审判系统扮演了社会需求供给者的角色。司法审判系统为社会参与者提供了社会需求的最终解决方案，而西城法院所提供的综合诉讼服务中心为社会参与者提供了该方案形成前和方案周边的讨论平台，并为解决社会整体问题提供临床数据和实践依据。知产诊所的学生以个体介入方案形成前的阶段，不仅运用所学的理论解释知识产品在社会关系中的分配与再分配，以检验该理论是否有效，进而实现自下而上的个体在司法审判系统平台上的"社会共治"角色。

无论知产诊所以教育基层组织介入的"社会共治"，还是知产诊所中的学生以个体介入的"社会共治"，均不会对司法审判的独立构成干扰。司法系统所提供的平台可分为诉前平台和诉中平台等，而西城法院为实现多元纠纷解决机制所设立和更新的综合服务中心更多体现为诉前服务平台的一种。可以这样解释，法官对于争议事实的了解发生在立案之后，并基于立案材料反映出的事实进一步了解情况。而知产诊所的学生了解的争议事实则发生在立案之前，其接触到的争议虽然与最后形成的案件不一定重合，却会形成在个性事实上的共性争议点的整合。因此，诊所学生在司法审判系统提供和支撑的平台中扮演了客观的聆听者、解释者以及争议的整理者和反馈者的角色。

例如，在涉及一幅"纸扎"是否属于作品以及对作品的利用的争议时，知产诊所的学生在该案件立案之前，用了三个下午去聆听该"纸扎"创作者的诉说。学生们表示：他们那里了解的情况更真实、更具有细节性。而纸扎创作者则表示，相比于法院的氛围，他更愿意在这里表达自己的见解。这是诉讼者的一种心理状态，也是争议双方对司法审判服务窗口的诉求。诊所学生基于其表述的事实，整理和解释了该"纸扎"作品的权属知识点和利用的链条。经过这样的解释，创作者厘清了纠纷的发生和其中的权利、义务关系并对未来可能的法律后果有了正确的心理预期。可以明显地感到，创作者此前个人的不满情绪和以此扩大到对整个司法审判系统的"有罪推断"心态得到纠正。创作者通过法院的司法诉讼平台在知产诊所学生的个体参与下发散了情绪，并加深了对不同职责角色的理解。同时，学生们对于在该争议中没有明文规定的"公有领域和私权领域"的界限有了理解并有针对性地去寻求既有判决的支撑。学生以理解者的姿态平息矛盾、理顺了当事人心理预期，并向当事人进行初步的法理解释。这样，以司法系统提供的平台的途径实现了以教育基层组织和教育个体参与的"社会共治"的某一个环节，也实现了以"被教育者"参与"教育"，以"诊所"推动社会疫病诊断的方式。基于司法审判系统的平台的"社会共治"的案例还有很多，不再一一列举。

总之，司法体系作为维护社会公平正义的最后一道防线，通过对具体案件的中立裁判，规范各社会主体的行为，修复和弥补社会关系，推进"社会共治"中社会治理的法治化，最大限度地减少社会矛盾的发生。司法系统肩负着定纷止争的终局性作用，在化解社会矛盾、维护社会稳定上的作用不可替代。司法权作为国家权力的重要组成部分，在治理能力与治理体系现代化和司法改革的双重背景下，基层社会治理也是国家社会治理的重要一环，知产诊所与基层法院结合展开实践教育，使学生懂得习主席"以人民为中心"和"社会共治"的深远意义，发挥旁观者较容易扎根群众的优势，在基层"社会共治"中贡献力量。

二、知识参与"社会共治"

化解社会矛盾，推动社会治理主体日益多元，提高社会治理社会化、法治化、智能化、专业化水平是法治社会的重要目标，而这些都离不开参与社会共治中共治主体所拥有的知识和知识的转换和提升。李克强总理在2014年《政府工作报告》中首次提出："推进社会治理创新。注重运用法治方式，实行多元主体共同治理。"〔1〕党的十八届三中全会针对传统管理模式的不足、可接受性缺乏等问题，明确提出治理体系和治理能力现代化是我国全面深化改革的总目标。这为实行社会多元主体共同治理确定了目标。

在"社会化、法治化、智能化、专业化水平"的目标中，"社会共治"的基础是法学知识系统和对它的掌握，因此，"社会共治"主体的法学知识异常重要。"法律调整的社会关系多种多样，研究社会的各种法律现象及其发展规律的法学所研究的范围也相应广泛，从而形成若干分支学科。"〔2〕"社会共治"中共治主体的法学知识来源于法学教育和研究。在传统的研究体系中，法学研究一直在法学体系内部循环和深入，不管是一直存在的关于法学人才培养上的应用型人才和研究型人才，还是应用法学人才与精英法学人才的模式讨论，法学研究与法学人才培养始终是一个自我循环的体系。如果强调法学的应用性和即时解决问题的能力，法学研究与人才培养应当建立在多学科的知识吸收以及不同学科的知识融合和实践应用之上。因此，法学研究与人才培养至少应当分为两个步骤：第一，人才培养针对既定领域的知识在实践中的应用。第二，人才培养应当强调在多学科领域的知识应用并在法学教育中加以调整。第一个步骤是最基础的"社会共治"中共治主体的法学知识来源。而第二步则以第一步的改进和成熟为目标，从知识传播的特点出发，以知识产品为研究对象，增强共治主体的法学知识的活化和更新以及其他知识的吸收。

（一）法学知识的吸收与知识主体的角色定位

在知识参与"社会共治"中，首先涉及的是法学知识的吸收。法学知识的吸收不仅来源于课堂，也来自于实践，来源于知识在实践中的吸收和进一步应用。在实践方面传统的方式是实习。实习可以被认为是学校与法院两个地点和单位的转换，或者是学习与工作、课堂与社会的转换，实习

---

〔1〕 中国政府网：http://www.gov.cn/zhuanti/2014-03/05/content_2635254.htm，最后访问时间：2020年2月25日。

〔2〕 参见百度百科：https://baike.baidu.com/item/法学体系/693025，最后访问时间：2020年2月25日。

人员以独立的"个体"的流动加入完成上述转换。与此不同,"诊所课堂"则表现为以课程为单位,以班集体为单位进行的学习。地点变换为法院,学生保持了自身的身份,免除了"实习生"的谨小慎微。学生以课堂形式大胆思考和提问,法官有针对性地进行讨论和指导,有效地避免了个人实习的迷茫,真正实现活态知识的吸收和思考。同时,在实践中知识的应用和检验上,法官的多元角色和教学体系的灵活多变成为常态。

如前所述,为了避免"多元解纷诉调对接中心"中诊所学生提前见到当事人可能造成在向法官请教时的影响,诊所学生分成两组,独立进行"多元解纷诉调对接中心"的活动和以法官为传授主体的"诊所课堂"的知识吸收。在诊所课堂遇到的"关于摄影作品的独创性应如何界定"的实践问题时,法官和学生的研讨就很有示范性。基于著作权法对于摄影作品以及独创性的基本原理,学生们在参与"诊所课堂"后,询问如何看待在该案中摄影者的"技术手段与个性表达之间的关系"以及"发表"在独创性判断上的影响。法官详细解释了客观性表达与主观性表达在独创性判断上的区别,学生受益很大。而与学生的对话,也引发了法官的思考:即借助技术手段展现囿于一定格式的特定独创性表达时,可以基于其中的客观性要素和主观性要素,分别提取进行观察。在"发表"的理解上,"诊所课堂"的同学们也立即举出两个例子,即最高人民法院 2010 年和 2014 年关于华盖创意公司的两个判决。[1] 这两个判决都减轻了图片公司的举证义务,只要完成初步的举证责任:确认授权书 + 网站权利声明 + 图片水印即可。但是在"发表"的推定上,如果不能确定图片的公开发表时间,这种推定如何进行理解和撰写,法官给出了结合本案的判定依据,给了学生很大的启发。

知识产权法作为一门新兴学科,与技术的发展密不可分。西城区既是文化强区又是金融强区,辖区内文化产业众多,"诊所课堂"的西城法官都具备扎实的专业功底和丰富的审判经验,也保证了知识的吸收和知识的

---

〔1〕 (2010) 民提字第 199 号:华盖创意和中国外运重庆案和最高人民法院 (2014) 民提字第 57 号:华盖创意和哈尔滨正林案。

转化紧随时代的发展。在一起涉及网络图片侵权的案件中，被告为自营电商，以某热播电视剧女主角同款衣服为标题出售衣物，原告为热播电视剧著作权人，原告认为被告未经许可，擅自使用原告享有著作权的电视连续剧的截图、剧照侵犯其著作权。针对被告是否可以适用"通知—删除规则"进行抗辩时，传统课堂中知识的吸收更集中于这一规则的内容，而忽视了网络服务提供商这一适用主体。而"诊所课堂"的学习成功地区分了本案中被告人的性质，其是直接从事商品销售服务的自营电商，并非为其他销售者提供网络服务的网络服务提供商。

可见，在知识吸收的第一个步骤中，"诊所课堂"的学生在针对既定领域的知识在实践中的应用效果是明显的。不仅对于以往的知识盲点能够查漏补缺，同时在与法官的交流时，知识的吸收可以改变思维模式，从过往的体系化学习转换为案件中需要关注的案件事实与证据，这无疑是第一个步骤中实现知识吸收并在非"诊所课堂"的当下实践和未来能够以共治主体身份实现"社会化、法治化、智能化、专业化水平"的目标的高效迅捷的路径。

(二) 法学知识的检验与知识主体的角色转换

在知识参与"社会共治"中，除了知识吸收之外，其次涉及的是法学知识在实践中的检验和知识主体对自身定位的思考。在法学知识在实践中的检验环节中，在诊所学生参与的发生于诉讼服务中心的和解案件中，就成功地在和解之前详细为当事人解释了一起涉及到地理标志的纠纷。在该商标侵权案件中，某行业协会认为某个体经营商未经许可而将其产品装入印有该地理标志字样的礼盒内，其行为构成了侵权。而该经营商自己觉得特别委屈，情绪很激动，认为自己的产品都是从原产地采购的，不知为何就构成了侵权。诊所的学生在安抚当事人的情绪后，用通俗易懂的表述方式告诉其何为侵权行为，当事人最终理解了只有取得相应商标许可使用的企业才能使用带有该地理标志字样的包装。当事人意识到自己的错误，并诚恳表示会认真学习知识产权相关知识并在未来的经营中进行规避。诊所学生在充分尊重当事人的意愿基础上极力安抚其情绪，对其进行相关法律知识的普及，向当事人进行初步的解释，为双方当事人后续达成和解起到了重要帮助。这一成功给了学生极大成就感，使得年轻的学子能够以更加充沛的热情投入到化解纠纷的诉讼服务中，潜移默化地投入到"社会共治"的目标之中，并且通过他们特有的扩散力，把"社会共治"的理念传播开来。

同时，"诊所课堂"的法官既承担着司法审判的原有角色，也担负着在诊所课程中的"教育者"的职能。不同于"个体实习"、法官出席的会议讲座或者法官入校园授课，"诊所课堂"的"教育者"以即发性案件为主题并随时调整教学大纲，"教育者"的职能表现为类似着"答记者问"的知识传授和对学生的实践应用能力的考察。这些考察既表现为对共性问题的解答，也表现为针对个体学生的个性考察。同时，基于学生的即时问题，"教育者"也产生了思考的新视角。这种方式不仅是学生的法学知识的初步检验，也是知识主体对自身定位的重新审视。

从教育的角度来说，诊所法学教育作为职业导向教育，诊所教育与法院平台相结合的模式完全契合法学教育的初衷，对于培养应用型法律人才的优势也日益突出。诊所的学生通过诊所与西城法院共同搭建的平台，可以深入接触到"诊所课堂"的法官以及诉前调解中心的法官，观察到法官的工作状态，法官也通过其一言一行的言传身教在潜移默化地塑造着学生的职业认同感和责任感。学生会在日常的观察与学习中不断思考"我是否想成为一个法官？""我希望从事一份怎样的工作？"学生通过与法院工作人员的交流，能够对于职业发展乃至人生道路有更明确、更清晰的认识，从而树立起司法职业信念与理想，并进一步固化到将来不自觉的"社会共治"的行为模式中。

从国家治理的角度来说，"社会共治"要求国家、社会等多元主体共同参与公共事务的管理，社会共治的核心是参与主体的多元性，即由更多的社会主体参与治理，摆脱了传统上单一的政府一元治理主体模式，从而显示出公共性，也就是融入性。本文作者认为：结合我国社会治理的历史传统，"社会共治"的方向应当是推动更多的个体，即推进普通百姓发挥"社会共治"的作用。西城法院在基层社会治理这一过程中发挥着法治引领、促进和保障的作用，推动着社会治理重心下移，实现政府治理和社会调解、居民自治的良性互动。知产诊所参与到社会共治当中，基于"社会共治"的目标而形成教育规划下的"共治诊所"，也可以看作是共治中来自于教育基层单元的一个尝试。"知产诊所"的"社会共治"理念在更广泛的社会中运用既可以是公民以个体参与共治，也可以是以个体组成的单位参与共治。同时知产诊所具备的"非政府性、非营利性、公益性"[1]等特征也使其在与西城法院的合作中发挥着完善公共服务、化解当事人矛盾、增加人才储备等积极作用。

总之，诊所学生既是具备专业知识、未来法律职业共同体的一员，又是切身参与到社会治理中的公民，无论是作为未来的专业法律人士还是作为"社会共治"多元主体一环的个体，其自我管理能力的提升、自我意识的觉醒都为当下我国公民参与社会治理提供了内在驱动力。"良好的法律秩序的确立，不但需要良性的法律规则，更需要与之相配套的法律人的存在。"[2]专业化是现代社会治理的内在规律，随着社会分工越来越细，社会治理必然朝着专业化方向迈进。[3]知产诊所与西城法院有机结合的人才培养模式，为培养社会治理所需要的专业人才队伍、为培养兼具专业技能和职业伦理道德的公民个体搭建了桥梁，从而融合了高校和司法资源，实现了多种角色的交融，这有利于提升社会治理的社会化、法治化、智能化、专业化水平，从而形成"良善之治"的"社会共治"格局。

三、共治素养的养成对"社会共治"的推进

法律诊所教育，将"知识"和"人"的要素进行不同的转换，使得个体的人在社会实践中得到身份的转换和知识的扩展，也促成以吸收知识和运用知识之外的共治素养的养成。虽然党的十八届三中全会以"社会各方面参与"替代了十八大提出的"公民有序参与"，但"公民参与"显然是

〔1〕 陈成文、陈建平：《论社会组织参与市域社会治理的制度建设》，载《湖湘论坛》2020 年第 1 期，第 122~130 页。

〔2〕 包万平：《培养什么样的法律人》，载中国教育研究论丛编委会编：《中国教育研究论丛》，中国实言出版社 2005 年版，第 21 页。

〔3〕 卢芳霞：《走向"社会治理"的"枫桥经验"》，载《学习时报》2018 年 1 月 22 日，第 4 版。

"社会各方面参与"的题中应有之义。在社会法治化的进程中，人是社会的主体，个体作为建设共建、共治、共享的社会治理格局的主要承担者和受益者，其在社会治理中的重要程度不言而喻。"社会共治要将治理创新的重点和难点聚焦于社会主体的双向互动，形成制度与人的有效结合，从而增加社会治理体系创新和建设的制度合法性，并且形成未来持续改进的通路。"[1]

（一）"社会共治"中的共治素养表现为共治之中的人的素养和人的温度

在传统的法学教育体系中，"知识"是相对固定的，而课程在与实践融合时，随着千变万化的实践问题，所需知识点明显成为变量，必须具有迅速地检索和确定的能力。为此，知产诊所以知识的传授、扩展和传播为出发点，也就是说学生们的知识不再局限于知识产权，诊所课程启发学生们运行相邻相关的知识形成的效率链条，甚至会借用统计学和管理学、大数据、云计算等新兴学科知识，对诉讼对象和中心事件进行模式设计。这些行为的原动力都是基于对实践的深刻认识和对现有位置的反思。在转换过程中，"知识"的吸收和运用使作为"受教育者"的学生的人格更加健全，并继而影响与之发生关联的"人"。这种完善的过程也与司法审判系统体现的公益性质和诊所的公益性质相一致。

在西城法院设立的诊所课程中，无论是基于诉讼服务办平台开展的志愿服务，还是在"诊所课堂"的深入探讨，诊所学生有时会深陷于当事人的"故事"，也曾经因为学生的身份被嘲笑到哭泣。然而，寻找解决方案的理性人的定位正在通过这些实践的经验而得到锻炼，也使学生明白如何用朴实的人格和"同理心"来协调人与人的沟通，也体会到培养理性和日日耐心的职业素养的艰难。在短暂的参与过程的最后一周，学生们已经发现，自己对前来咨询的当事人开始有了烦躁情绪，已经不再像第一天那样精神饱满、充满耐心。从而更加理解了法官必备的理性素质和法官素养的神圣。他们在诊所课程的论文中这样写道："一个令人尊敬的法官建立在日复一日的辛苦重复中。我甚至忘记自己希望通过努力和时间牺牲来促进

---

[1] 王名、李健：《社会共治制度初探》，载《行政论坛》2014年第5期，第68~72页。

社会更美的初衷。"〔1〕这可以说，是知产诊所学生融入"社会共治"中的最大收获。

同理，知产诊所的教师是学生的启发者也同时是受启发者，教师和学生共同思考知识产权的权利设定在整个司法体系中的正当性问题，思考司法体系是否需要像目前这样几乎成为解决矛盾的第一层次的机构的问题以及如何将调解环节链条化的问题。因为调解是诊所学生参与最多，也最见成效的环节。

调解作为基层社会治理的重要组成部分，能够将社会矛盾化解于萌芽状态。西城法院在有效推进调解工作上进行了积极探索，为社会力量参与纠纷解决创造良好条件。西城法院新诉讼服务中心将调解服务区独立规划出来，设立不同功能的调解办公室。除了既有的西城法院的诉讼服务中心和诉调对接中心之外，"北京多元调解发展促进会调解中心、北京一带一路国际商事调解中心、中国房地产业协会调解中心、北京赛智知识产权调解中心、北京秉正银行业消费者权益保护促进中心、北京建设工程施工合同纠纷人民调解委员会共六家调解组织正式入驻西城法院新诉讼服务中心。"〔2〕这些中心旨在让个体在参与纠纷解决的过程中拥有更多的选择权，积极发挥多元主体作用，最大限度将矛盾纠纷化解在诉前。在调解服务区，人民调解工作室发挥着重要作用。诊所的同学在当事人同意下旁观调解过程，并经允许对于一些事实争议不大的纠纷，在调解人员在场的情况下，用所学过的法学知识进行解释。当事人可在这里先进行调解，调解成功可制作调解协议书，经小额诉讼法官直接进行司法确认后，该裁定书便具有强制执行力。这一流程方便快捷，能够有效地解决纠纷，并且减少时间成本和诉讼成本。而且对于当事人来说，社会经验丰富的调解人员以及具备专业技能的大学生能够以一个客观中立的立场来倾听其心声，这种温和而又专业的氛围能够使其从冲动、烦闷、愤怒等负面情绪中冷静下来，从根本上解决问题。

---

〔1〕 中国政法大学第 22 期诊所学生的毕业演讲。

〔2〕 北京法院网：http://bjgy. chinacourt. gov. cn/article/detail/2018/11/id/3590186. shtml，最后访问时间：2020 年 2 月 25 日。

对于年迈不便、法律知识欠缺的群众，可到"大学生志愿者服务基地"进行法律咨询。"大学生志愿者服务基地"是西城法院与中国政法大学合作设立的全国首家志愿服务基地，也为知产诊所学生在"大学生志愿者服务基地"的志愿服务提供了先天的有利条件。诊所学生现场为群众提供相关的法律咨询、诉讼指导、代拟诉状等志愿服务。诊所的学生在此平台上，在真实的案件中接触当事人，帮助其梳理案件事实、撰写相应的法律文书、协助进行诉讼，对于人民群众的纠纷和诉求有了更直观更深刻的认识，在这一实践过程中为他人提供帮助的同时也在不断提升着自己的专业技能、积累着社会经验。"据统计，'大学生志愿者服务基地'每年为群众提供咨询 17 000 余人次，免费代书诉讼文书 8300 余份。"〔1〕开启了大学生志愿者代写起诉书的全新模式，也为大学生融入社会共治、引领社会共治打开了通道。这样，教育在用知识装备"人"的同时，更促使知识接受者和执行者形成一种共治素养，使得似乎冰冷的法律在一定情感之上形成理性的格局。知产诊所通过与法律实践的结合，使得法律的"人"发出人情的美，理性的美。这就是法律诊所实践教育的追求，也是参与"社会共治"的温度所在。

（二）"社会共治"中的共治素养表现为科技的发展和社会理念的进步

法治化是现代社会治理的基本原则，也是一个成熟社会的基本标志；智能化是社会治理的技术创新，是有效提高社会治理效率和精准度的必然要求。〔2〕西城法院除了积极推动多元化纠纷解决机制外，也推进智能化建设。法院依托市高院"七位一体"集约送达一体化平台，集中办理窗口预约送达、电子送达、法院专递送达、外出直接送达、公告送达、委托送达、转交送达以及公证参与送达。"目前为止，共办理含电子送达、公告、专递及公证参与送达等共计 99 000 余件。"〔3〕既方便群众第一时间收到文

〔1〕　北京法院网：http://bjgy.chinacourt.gov.cn/article/detail/2018/11/id/3590186.shtml，最后访问时间：2020 年 2 月 25 日。

〔2〕　卢芳霞：《走向"社会治理"的"枫桥经验"》，载《学习时报》2018 年 1 月 22 日，第 4 版。

〔3〕　北京法院网：http://bjgy.chinacourt.gov.cn/article/detail/2018/11/id/3590186.shtml，最后访问时间：2020 年 2 月 25 日。

书，也最大限度减轻了审判团队的负担。此外，西城法院还推出智能机器人"小法"，为当事人提供流程介绍、法律咨询、案例推送、风险分析等法律服务。这些智能化的服务充分顺应现代科技发展趋势，将基础数据与终端平台、人工智能与司法经验有机结合，从而构建出线上线下良性互动的多元纠纷化解机制。诊所的学生只需要在法院的平台上就能进一步检验自身的解答结果是否有提升的空间。这种线上线下相结合的方式可以更全面、更深入的锻炼学生的法学专业素养和专业技能，在有效化解当事人的纠纷中提升法律人的社会责任感。可以说，在现代"社会共治"体系中能够有效地运用各种新型智能发挥社会治理功能，无论是大学生、专家、人民调解员都能够有序参与到纠纷解决机制中，积极推动审判资源与现代科技的有效结合，实现优势互补，真正发挥基层法院在社会治理中的能动作用。而法律诊所的年轻学子，无疑具有运用和综合法学知识和现代技术的优势，从而进一步使共治素养融入社会共治之中。其本身也成为"社会共治"的参与人、执行人、传播人和引领人。

习总书记指出："法学学科是实践性很强的学科，法学教育要处理好知识教学和实践教学的关系。要打破高校和社会之间的体制壁垒，将实际工作部门的优质实践教学资源引进高校，加强法学教育、法学研究工作者和法治实际工作者之间的交流"[1]。习总书记的指示，使得法学人才的培养目标得到明确，也使得知产法律诊所的教学有了明确的方向！知产诊所与司法实践的有机融合，培养了法科学生的专业技能和职业道德与社会责任感，形成社会主体的双向互动。知产诊所与西城法院有机结合，为落实习总书记提出的"社会共治"的目标进行了积极的探索，为优化高校和司法资源、打破高校与社会壁垒进行了有益的尝试，必将有利于促进社会治理社会化、法治化、智能化、专业化水平的"社会共治"目标的实现。

---

[1] 法大新闻网：http://news.cupl.edu.cn/info/1381/23950.htm，最后访问时间：2020 年 2 月 25 日。